'동수민주주의(Parity democracy)'는 왜곡된 세상을 온전히 바로잡기 위한 길이며, 우리 모두가 지향해야 할 '오래된 미래'이다. 『남녀동수』에는 세상을 온전하게 바로잡기 위해 오랜 세월 투신해 오신 저자들의 생각과 미래를 위한 로드맵이 담겨 있다. 더 이상 미룰 수 없는 과제인 남녀동수 헌법개혁이 요구되는 이 시점에 중요한 가이드북이 될 것이다.

윤정인 | 고려대학교 법학연구원 연구교수, 정당법연구센터 연구부장

내란과 탄핵, 이어지는 조기 대선이라는 격랑 속에서, 내가 가장 감명 받았던 장면은 계엄발표 직후 달려온 시민들과 이후 빛의 응원봉 투쟁, 눈이 펑펑 쏟아진 거리에서 밤새워 눈사람처럼 앉아 있던 시민들, 이후의 평화 집회들이었다. 대한민국의 시민들은 진화했고, 여성들이 이 진화를 이끌고 있다. 기후위기, 4차산업혁명, 저출생·고령화, 한반도 평화 등 새로운 대한민국으로의 대전환을 이룩하려면 여성들에게 국정에 참여할 수 있는 적극적인 기회가 주어져야 할 것이다. 21세기 전환의 시기를 창의적으로 이끌어갈 역량이 여성들에게 있다. "21세기는 여성의 시대"라고 하지 않은가. 그동안 여성들이 줄곧 요구해온 '동수의회'의 요구가 관철되어야 할 시기가 온 것이다.

이미경 | 제15~19대 국회의원, 前)한국국제협력단 이사장

여성 유권자는 자신의 경험과 지혜를 바탕으로 우리 사회의 변화와 혁신을 이끌어가는 주체적 시민으로, 날마다 새로운 정치의 물결을 만들어가고 있다. 오늘날 우리가 마주한 다층적 문제들—경제, 교육, 복지와 환경—은 한쪽 시각에 의존한 해결책으로는 극복될 수 없으며, 모든 세대와 계층이 균등하게 정치 과정에 참여해야 할 것이다. 정치 발전은 단순한 '권리'의 확대를 넘어, 우리가 모두 스스로 만든 변화의 과정에

남녀동수

공존의 길 - 책임과 권리를 함께하다

All rights reserved. All the contents in this book are protected by copyright law. Unlawful use and copy of these are strictly prohibited. Any of question regarding above matter, need to contact 나녹那碌.
이 책에 수록된 콘텐츠는 저작권법에 의해 보호받는 저작물이므로 무단전재와 무단복제를 금합니다. 나녹那碌(nanokbookcafe@naver.com)으로 문의주시기 바랍니다.

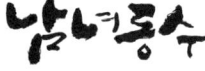

공존의 길 - 책임과 권리를 함께하다

초판 1쇄 인쇄 | 2025년 5월 5일
초판 1쇄 발행 | 2025년 5월 12일

지은이 | 신명·박진경·김경미·이은옥·윤위상
기획 | (사)일과여가문화연구원

펴낸 이 | 형난옥
펴낸 곳 | 나녹那碌
편집·디자인 | 김보미

등록일 | 제 2021-000016 2021.03.16
주소 | 충청남도 천안시 동남구 청수11로 24, 505호(청당동)
전화 | 041-551-0517 팩스 | 0504-370-6544
ISBN | 979-11-988279-7-5 (93340)

남녀통수

공존의 길 - 책임과 권리를 함께하다

신 명
박진경
김경미
이은옥
윤위상

나녹
那碌

함께하는 시대를 향하여

책머리에

우리는 이제 더 이상 "누가 더 유리한가"를 묻는 시대에 머물러 있지 않다. 중요한 건 "어떻게 함께 할 것인?"라는 질문이다. 기회의 평등, 역할 고정관념의 해체, 그에 맞는 국가의 정책적 지원, 그리고 서로를 존중하는 태도는 이 질문에 대한 답을 찾는 첫걸음이다.

남성과 여성은 경쟁자가 아니다. 우리는 서로를 보완하며 함께 나아가야 할 동반자다. 성별을 넘어선 협력과 연대 속에서 공정한 일상을 만들어야 한다. 지금 대한민국 사회는 전환의 시기를 맞고 있다. 그 어느 때보다도 협력의 정치, 포용의 사회가 절실하다.

계엄과 탄핵, 그리고 조기 대선이라는 정치적 격동기 속에서도 어떤 후보도 협력과 포용의 핵이라 할 수 있는 남녀동수는 보이지 않는다. 이는 단지 여성의 문제가 아니다. 절반의 국민이 배제된 상태에서 어떤 정책도 온전히 작동할 수 없고, 어떤 민주주의도 완성될 수 없다. 남녀동수는 지금의 위기와 전환 속에서 반드시 실현해야 할 미래 설계의 핵심이다.

정치는 결국 사회 구성원의 삶을 반영하고 조율하는 장이다. 정치에서의 남녀동수는 단순한 수의 문제가 아니다. 이는 다양한 삶의 경험과 시각이 제도 안에 반영될 수 있는지, 그 사회가 포용력을 갖추고 있는지를 가늠하는 척도다.

정치에서의 남녀동수가 실현될 때, 우리는 비로소 새로운 사회적 상식을 만들어갈 수 있다. '누구를 위한 정책인가'라는 물음에 '모두를 위한 정책'이라는 답을 줄 수 있는 정치를 만들어야 할 때다.

대전환 시대, 남녀동수의 필연성　　지금 우리는 코로나19 이후의 불확실성, 가속화되는 기후위기, 저출생·고령화, 세대간 갈등, 디지털 전환과 AI 기술의 급속한 발전, 소득불평등의 심화, 부실한 사회안전망이라는 총체적 전환의 시기를 맞이하고 있다.

이러한 시대는 과거의 사고와 방식으로는 대응할 수 없다. 삶의 질을 근본적으로 재설계해야 하고, 사회 전반의 운영 원리를 다시 정립해야 한다. 이 전환을 성공적으로 이끌기 위해서는 무엇보다 다양한 시각과 목소리가 의사결정 구조에 반영되어야 하며, 이를 위한 제도적 기반이 절실하다.

바로 이 지점에서 남녀동수는 선택이 아닌 필수로 자리 잡는다. 남녀동수는 단지 여성의 권리 문제가 아니다. 이는 인구 절반을 정치에 참여시키는 것, 국가 공동체 운영에 국민 전부가 참여하는 '정상적인 민주주의'로의 회복이다.

지금까지 여성의 정치참여는 종종 '대표성 보완' 또는 '소수자 배려'의 맥락에서 논의되어 왔다. 그러나 이제는 달라져야 한다. 남녀동수는 권리 이전에 책임이며, 배려가 아니라 의무다. 여성의 정치는 특정 집단을 위한 것이 아니라, 국민 전체의 삶을 보다 섬세하고 공정하게 다루기 위한 정치의 진화다.

정치적 리더십의 다양성은 위기 대응 능력을 높인다. 코로나19 팬데믹 당시 여성 지도자들이 보여준 섬세한 소통, 투명한 정보 공개, 공동체 중심의 정책 결정은 단순한 우연이 아니었다. 이는 다양한 시각이 정책에 반영될 때 나타나는 구조적 강점의 증거다. 남녀동수는 바로 이러한 강점을 제도화하는 방식이다.

남녀동수 30년, 그러나 아직 갈 길은 멀다 2025년은 1995년 베이징 세계여성대회에서 '정치적 의사결정 영역에서 여성 최소 30% 할당'을 선언한 지 꼭 30년이 되는 해다. 1995년 당시 우리나라 여성 국회의원은 단 8명, 전체의 2.6%에 불과했다. 당시 여성의 사회적 지위는 경제, 교육, 문화 모든 영역에서 열악했으며, 특히 정치는 거의 진입이 불가능한 영역이었다.

그로부터 30년, 여성단체와 시민사회의 헌신적인 노력, 법과 제도의 점진적인 개선을 통해 제22대 국회에서는 여성 의원 수가 60명[20%]으로 증가했다. 그러나 이는 '30%의 벽'을 넘지 못한 채 머물러 있는 수치이며, 세계 평균에도 미치지 못하는 수준이다.

국제의회연맹[IPU] 자료에 따르면, 대한민국은 여성 국회의원 비율에서 세계 190개국 중 121위[2023년 기준]에 머물러 있다. 이는 오히려

10년 전보다 순위가 떨어진 것으로, 정치에서의 성평등 수준은 개선이 아니라 정체 또는 후퇴의 위험에 놓여 있음을 방증한다.

여성 정치인의 비율이 일정 수준을 넘지 못하면, 여성의 삶이 법과 제도에 제대로 반영되지 않는다. 돌봄, 복지, 성폭력, 노동권, 경력단절 등 여성의 일상과 밀접한 의제들은 주요 의제로 격상되기 어렵고, 예산 배정에서도 항상 뒷전으로 밀려난다. 결과적으로 여성은 정치로부터 멀어지고, 정치는 여성을 배제한 채 작동하는 악순환이 반복된다.

이제는 '여성 정치인의 숫자가 늘고 있다'는 성과에 안주할 때가 아니다. 30년 동안 비례대표 중심으로 성장해온 여성 정치 참여는 지역구 진출과 의사결정권 확보라는 본질적 과제 앞에서 한계를 드러내고 있다. 비례대표 할당만으로는 동수에 이를 수 없으며, 공천 구조와 제도 전반을 재설계하는 전환이 필요하다. '30%를 채웠으니 됐다'가 아니라, '왜 아직도 50%가 되지 못했는가'를 묻고 대답해야 할 시점이다.

정치를 통한 남녀동수 실현의 시작   2004년, "같이 해보자. 안에서 손잡고 하면 된다"는 한마디의 권유로 정치에 입문했다. 당시만 해도 여성 정치인에 대한 사회적 기대와 제도적 지원은 지금보다 훨씬 미약했다. 하지만 1970년대 노동현장에서 직접 목격했던 여성의 열악한 근로환경, 남성 대비 60% 수준의 임금, 경력 단절, 비정규직 확대, 일과 가정의 양립 문제는 너무나 절실했고, 외면할 수 없었다.

1987년 '남녀고용평등법'을 제정하고 이후 수차례 개정했지만, 성별에 기반한 불평등은 여전히 제자리에 머물러 있었다. 법은 존재했지만 현실을 바꾸기엔 역부족이었다. 여성의 노동은 '보조적'이라 여겨졌고, 여성의 정치 참여는 '상징적'이라는 프레임에서 벗어나지 못했다.

국회 안 상황은 크게 다르지 않았다. 정치 구조는 남성 중심으로 짜여 있었고, 여성은 '디딤돌'도, '나침판'도 없는 낯선 공간에서 끊임없이 증명하고 싸워야 했다. 회의장 안팎에서의 성차별적 시선과 농담, 주요 법안 논의에서의 배제, 심지어는 여성 의원의 숫자 그 자체가 정치적 협상의 대상이 되는 현실 속에서 '왜!'라는 질문이 머릿속을 떠나지 않았다.

이즈음, 프랑스의 '남녀동수'^{Parité}를 접하고, 커다란 전환점을 맞게 되었다. 프랑스는 정치의 모든 영역에서 성별 균형을 법으로 보장함으로써 여성 정치인의 역할과 위상을 근본적으로 바꾸었다. 이 모델을 한국에도 적용해야 한다는 확신이 생겼고, 그 결과 2013년 '한국여성의정'을 창립하게 되었다.

곳곳에서 활동하는 여성의 소리를 보고 들으면서 여성 정치학교 운영, 전문여성 정치인 양성, 정치관계법 개정안 제안, 지역구 여성 공천 촉구 등 다방 면에서 남녀동수 실현을 위한 활동을 이어왔다. 이제는 그 노력이 결실을 맺을 시간이다. 더는 '가능성'을 말할 때가 아니라 '구조'를 바꿀 때다.

남녀동수, 공존을 넘어 경제성장의 열쇠   진정한 남녀동수는 단순한 숫자 맞추기가 아니다. 여성과 남성이 동등한 기회와 권리를 갖고, 각자의 역량을 충분히 발휘할 수 있는 사회적 기반을 뜻한다. 성별에 따라 기회를 차등화하지 않고, 개인의 능력과 선택을 존중하는 공정한 구조 속에서 모두가 함께 성장하는 길이다.

성평등은 윤리적 가치이자 사회적 조화의 조건일 뿐만 아니라, 이제는 경제성장과 지속가능성의 열쇠로 떠오르고 있다. 세계은행, OECD, 세계경제포럼WEF 등은 성평등이 높을수록 노동생산성과 국민총소득이 높고, 출산율과 사회 신뢰도가 증가한다고 분석한다.

여성의 경력단절을 줄이고, 남성의 돌봄 참여를 제도적으로 지원하는 사회는 삶의 균형을 회복할 수 있다. 이러한 사회에서는 여성의 경제활동 참여율이 높아지고, 고령사회를 대비한 복지 기반도 자연스럽게 강화된다. 예컨대, 아이슬란드는 출산 이후 양육휴가를 남녀에게 동등하게 배정함으로써 노동시장 내 성차별을 줄이고 여성 고용률을 크게 끌어올렸다.

우리나라는 여전히 세계 최저 출산율, 높은 성별 임금격차, 낮은 여성 관리자 비율이라는 삼중고에 놓여 있다. 이 구조를 뒤집는 유일한 해법은 여성의 역량을 정책결정의 모든 수준에서 동등하게 반영하는 것, 즉 정치와 경제에서의 남녀동수 실현이다.

남성과 여성은 다르지만, 그 다름은 배제의 이유가 아니라 공존의 자산이다. 서로 다른 경험과 시각은 더 창의적이고 탄력적인 사회를 만든다. 남녀의 동등한 참여는 한국 사회가 직면한 구조적 위기를 타개할 수 있는 결정적 열쇠다.

이 책의 구성　　이 책은 총 4장과 부록으로 구성되어 있다.

제1장 〈남녀공존의 뉴노멀〉 남녀동수의 의미, 필요성과 이론적 토대, 국제지수를 통한 진단, 배려를 넘어 공존하는 새로운 기준으로서 남녀동수를 제시한다.

제2장 〈남녀동수, 프랑스에서 일본까지〉 유엔의 여성권리 확산 과정과 각국의 남녀동수 실현 과정을 살펴보고, 헌법에 근거하거나 정당 자발적 시행 등 다양한 방법론을 소개한다.

제3장 〈남녀동수, 대한민국의 현주소〉 한국 여성정치 참여의 현황, 비례대표제도의 성과와 한계, 지역구 할당제 및 법제도 변화, 정당 공천과 행정부 실태를 분석하고 대안을 모색한다.

제4장 〈이제는 남녀동수〉 동수민주주의 실현을 위한 구체적 전략을 제시하며, 국회 내 실행기구 설치, 헌법 개정, 정치관계법 개정, 여성정치인 역량강화 등의 방법을 제안한다.

2028년, 남녀동수 국회를 꿈꾸며 이 책을 읽는 독자들의 비판과 조언을 기대한다. 남녀동수는 더 이상 선언으로 머물 수 없다. 지금 정치의 구조를 바꾸지 않으면, 다음 세대는 더 깊은 불평등 속에 놓이게 될 것이다.

제22대 국회는 '남녀동수' 헌법을 개정하고, '정치분야 남녀동수 기본법'을 제정하여야 한다, 공직선거법에 남녀동반의무공천제를 도입, 정당법에 동수 조항 명문화 등 적극적인 조치가 필요하다. 이 모두를 전담할 수 있는 국회 내 전담기구로 '남녀동수처'가 설치되어야 한다.

이러한 제도적 기반 위에 서야, 2028년 제23대 국회는 진정한 의미의 '남녀동수 국회'로 거듭날 수 있다. 이는 어느 한 정당이나 성별을 위한 구호가 아니라, 대한민국 전체의 민주주의 수준을 높이는 출발점이다. 그 날을 현실로 만들기 위해, 지금 우리가 말하고 행동해야 한다. 아울러 오는 6월 4일 출범하는 새 정부는 동수 내각을 기대한다.

정치가 미래를 책임진다면, 이제 '남녀동수'는 그 미래를 위한 조건이자 약속이 되어야 한다. 이 책이 그 약속의 시작이 되기를 바란다.

함께한 사람들 사단법인 일과여가문화연구원WORK & LIFE BALANCE에서는 창립 20주년을 맞아 대한민국 정치분야 남녀동수를 향한 긴 여정을 담은 『남녀동수』를 출간하고자 한다. 남녀동수의 기본서로 처음 세상에 내놓는 이 책이 정치인은 물론 연구자, 시민사회단체들에게 내 삶과 세상을 구하는 남녀동수 공존의 시대를 여는 길잡이가 되기를 기대한다.

그동안 남녀동수 관련 제도 연구, 법률안 마련 등을 함께 고민해 온 박진경 박사, 김경미 박사, 이은옥 박사와 윤위상 기획실장이 기획에서 집필까지 함께 하였다. 특히 형난옥 대표는 기획에 동참하면서 출판을 맡아 주었다.

아울러 이 책이 세상에 나올 수 있도록 자료제공과 자문에 응해주신 국회도서관 등 국회 관계자, 학계, 사회단체의 많은 관계자 분들께 진심으로 감사드린다. 마지막으로 어려운 사정 속에도 기꺼이 출판을 맡아주신 크리에이티브콘텐츠 기획&출판 나녹那碌 형난옥 대표와 관계자 여러분에게 깊이 감사드린다.

2025년 5월 12일

필자를 대표하여
(사) 일과여가문화연구원 이사장 신명

차례

책머리에 | 함께하는 시대를 향하여　5

1　남녀공존의 뉴노멀

남녀공존의 뉴노멀　21

남녀동수의 의미　24
동등한 대표성 | 공존을 위한 룰

새로운 룰이 필요한 이유　27
진정한 민주주의의 출발점 | 갈등을 넘어 공존으로 | AI혁명, 다름에서 오는 편견 해소

남녀동수 이론의 토대　30
프랑스 공화주의와 추상적 개인 | 추상적 개인에 대한 재정의 | 할당제에서 남녀동수로

국제지수로 보는 현실　37
남녀동수를 진단하는 국제지수 | 여성국회의원 비율 121위 | 유리천장지수 12년 연속 꼴찌 | 성별 격차 105위

배려를 넘어 동등 참여의 시대로　44

2 남녀동수, 프랑스에서 일본까지

남녀동수로 가는 길　49

남녀동수를 위한 국제적 협력　51
여성권리장전, 차별철폐 협약 | 베이징선언과 남녀동수
| 유엔여성지위위원회와 유엔여성기구

남녀동수로 가는 서로 다른 길　55
프랑스, 남녀동수 교과서가 되다 | 멕시코, 여성이 통치하는 나라
| 독일, 남녀동수 정당에 맡기다 | 스페인, 모든 권력의 절반은 여성에게
| 캐나다, 동수내각의 물결을 만들다 | 미국, 적극적 차별시정조치의 나라
| 일본, 절반의 성공

3 남녀동수, 대한민국 현주소

한국 여성정치, 121위에 머물다   89

비례대표에서 지역구로   92

여성정치를 살린 비례대표제 | 비례대표가 모두 여성이라도
| 남녀동수 비례대표제가 되기까지 | 정당이 외면한 지역구 할당제
| 의무공천제가 만든 지방의원 33.4%

여성, 남녀동수에서 길을 찾다   100

여성이 제안한 남녀동수선출제 | 지역구 여성할당제 30% 의무
| 동수정치로 패러다임 전환 | 여성 지도자 100인 선언
| 성차별 해소를 위한 개헌여성행동 | 국회에서 남녀동수 개헌 논의
| 남녀동수의 구심점이 된 한국여성의정 | 남녀동수, 국민 60% 찬성
| 5.25 남녀동수의 날 선포

남녀동수법, 어디까지 왔나   113

지역구 할당제의 위헌 논란 | 동수 헌법 논의 시작
| 남녀동수는 정당이 먼저 | 남녀동반선출제 발의
| 최초의 남녀동수 3법 동시 발의 | 남녀동수 지원법 제안

행정부의 남녀동수   125

최초의 남녀동수 기준 | 행정부의 여성 각료 | 양성평등기본법의 한계

4 이제는 남녀동수

남녀동수가 답이다 133

남녀동수를 위한 제도개선 136

헌법개정 먼저 | 선출직남녀동수기본법 제정 | 남녀동수 3법 개선

남녀동수를 이끄는 전담기구 설치 146

입법부 남녀동수기구 | 남녀동수위원회 구성
| 국회 남녀동수처와 남녀동수원 신설

함께 준비하는 남녀동수 149

여성정치인 경쟁력 강화 | 남녀동수 정치문화 확산
| 공존을 위한 남녀동수 교육

주 153 / 참고문헌 167 / 표·그림 출처 173

부록 175

  프랑스   선거권과 선출된 직위의 남녀평등에 관한 법 (2007.1.31.)
  일본   정치분야 남녀공동참여 추진에 관한 법률 (2018. 5. 23.)
  프랑스   남녀동수감시소 설치법 (1995.10.18.)

더 읽을거리 193
찾아보기 197

1

남녀공존의
뉴노멀

남녀공존의 뉴노멀

여성의 정치참여는 20세기 초에 여성 참정권 운동으로 시작되었다. 그 결과 오늘날 전 세계 대부분의 국가에서 여성은 유권자로서 남성과 동등하게 정치에 참여할 수 있는 권리를 보장받고 있다. 그러나 국민의 대표자로서 국가의 주요 정책을 결정하는 지위에서 여성의 참여는 여전히 미흡하다. 이러한 상황을 극복하려는 노력이 그동안 각 국가나 국제적 차원에서 꾸준히 있었다.

국제적 차원에서 여성의 정치참여 확대를 위한 특히 중요한 분기점은 1995년에 189개국이 참석한 가운데 베이징에서 열린 유엔 제4차 세계여성대회이다. 여기에서 채택된 행동강령은 21세기 여성발전을 위한 전략으로 '성주류화'Gender mainstreaming를 제시했다. 베이징 행동강령은 인간 중심의 지속 가능한 발전을 이루기 위한 전제조건으로 여성과 남성의 평등임을 밝히고 있다. 성주류화를 위해서 유엔은 의회에서뿐만 아니라 국가의 주요 정책 결정의 직위에 여성의 대표성이 30%가 되도록 권고했다. 이를 토대로 20년이 흐른 2015년에 유엔여성기구UN Women는 "2030년에는 50 대 50의 지구Planet 50-50 by 2030"를 선포하였다.

'50 대 50의 지구' 캠페인은 2030년까지 모든 영역에서 여성이 남성과 동등한 기회와 권리를 갖고 참여할 수 있도록 남녀동수의 실현을 각국에 촉구하고 있다.

프랑스의 약칭 '빠리떼법'Loi Parité, 남녀동수법, 정식명칭 : 「의회선거와 선출직에 여성과 남성의 평등한 접근을 위한 법」은 국가 차원에서 만들어진 법제도지만, 이론적 차원이나 실천적 차원에서 여성의 정치참여를 확대하는 데 커다란 영향을 미쳤다. 1999년 프랑스는 남녀동수를 위한 헌법 개정을 했고, 이를 바탕으로 2000년 남녀동수법을 제정했다. 프랑스의 남녀동수법은 1995년에 유엔이 권고했던 30% 여성할당을 넘어서 남녀동수 50% : 50%에 대한 관심과 필요성을 세계적으로 확산시키는 데 큰 기여를 했다.

남녀동수를 향한 세계적인 흐름 속에서 우리나라도 2004년 총선 제17대 국회부터 비례대표에서 여성 50% 할당을 시행하고 있다. 부분적이긴 하지만, 사실상 최초의 남녀동수제도라고 할 수 있다.[1] 그러나 2024년 4월 총선 결과, 의회에 진출한 국회의원 중 여성의 비율은 20%에 불과한 실정이다. 30년 전인 1995년에 유엔이 권고한 여성 대표성 30%에도 미치지 못하고 있다.

오늘날 2030세대는 다른 세대들과 달리 가장 시급한 사회문제로 젠더 갈등을 꼽고 있다. 여성의 페미니즘과 남성의 반反페미니즘 담론이 그 어떤 세대에서보다도 날카롭게 부딪치고 있다. 최근 여성가족부 폐지를 두고 남녀 간에 찬반이 갈리는 것은 좋은 예이다. 우리 사회의

밝은 미래를 위해서는 한시라도 빨리 이러한 남녀 갈등과 대립이 극복되고 남녀공존으로 나아가는 새로운 패러다임이 필요하다. 이 패러다임의 출발점이자 토대가 바로 남녀동수이다. 남녀동수는 남녀가 상생하기 위한 '공존의 뉴노멀'이다.

남녀동수는 성별의 다름은 인정하되, 이를 이유로 정치·경제·사회 등 모든 영역에서 차별받지 않는다는 데에서 출발한다. 남녀가 동등한 권리를 가지고 동등한 참여를 보장받아야 한다는 원칙 때문에, 얼핏 보면 남녀동수를 여성과 남성이 자신에게 한 치의 불리함도 허용하지 않고 모든 면에서 반반을 요구하는 것으로 생각할 수도 있다. 그래서 남녀동수가 오히려 남녀 간의 대립을 격화시킬 것이라는 우려를 자아낼 수도 있다.

그러나 이러한 생각은 오해이다. 남녀동수의 목적은 남녀 모두 동등한 기회와 권리를 누리면서 공정한 경쟁 속에서 각 개인의 역량과 잠재력을 충분히 발휘할 수 있게 하려는 데 있다. 남녀동수라는 공존의 뉴노멀 속에서 비로소 성에 대한 차별이나 편견이 없는, 그래서 개인의 능력과 선택이 존중받는 사회가 만들어질 수 있다.

남녀동수의 의미

동등한 대표성

동수의 영어단어 'parity'는 같음, 동등함, 평등함 등을 뜻하는 라틴어 'paritas'에서 유래했는데, 통상 동등한 대표성을 의미한다.

동등한 대표성으로서 남녀동수는 '세상의 절반은 여성, 세상의 절반은 남성'이라는 생물학적 인구 구조에 따라 여성과 남성이 50 대 50으로 대표되는 것이다. 즉, 정치, 경제, 사회, 조직체 등 사회의 모든 영역에서 여성과 남성이 동등하게 대표되는 것이 남녀동수이다.

2020년 제20대 국회에서 발의된 「선출공직 남녀동수에 관한 법률안」은 '남녀동수'를 "선출공직이나 후보자의 수에서 여성과 남성의 수가 동등한 것" 제3조 제2항 으로 정의하고 있다.[2]

공존을 위한 룰

남녀동수가 남녀 모두를 위한 새로운 룰이 되기 위해서는, 위와 같은 단순한 숫자적인 평등을 넘어 남성과 여성 모두 동등한 기회와 권리를 누리는 사회적 환경이 필요하다. 이러한 측면에서 핵심요소들을 중심으로 남녀동수를 다음과 같이 이해할 수 있다.

첫째, 기회의 평등을 의미한다. 성별과 무관하게 남녀가 '동등한 참여의 기회'를 보장받는 것이 남녀동수의 핵심이다. 교육, 취업, 승진과 관련하여 성별로 인한 차별이 없는 환경 속에서 동등한 보상과 근로조건이 제공되는 것이다.

둘째, 정치, 경제, 사회 각 분야에서 성 역할에 대한 고정관념이 해체되는 것을 의미한다. 여성의 사회진출은 더욱 활발해지고 있으며, 가족의 형태도 '생계 부양자 남성과 가사 전담자 여성'의 모델에서 '남녀공동부양 가족'으로 변화하고 있다. 남녀공동부양 모델이 일반화되고 있음에도 불구하고 아이 돌봄, 요리, 청소는 여전히 여성의 일로 인식하는 경향이 크다. 이러한 논리에 의하면 보모, 요리사, 미화원 등은 남성의 직업이 아니다. 그러나 역사적으로 오랫동안 여성이 주로 담당해왔을 뿐, 각각의 노동 자체는 성별과 무관하다. 성별이 아니라 개개인의 성향, 재능, 환경 등에 따라 일과 역할이 이루어지도록 사회적 인식이 변화해야 한다.

셋째, 남녀가 상호 존중하고 이해하는 것을 의미한다. 성별을 이유로 한 차별적인 발언이나 행동을 지양하는 문화 속에서 남녀의 상호 존중과 협력이 강화될 수 있다. 이를 위해서 남녀가 서로의 고충을 이해할 수 있는 '공존 교육'을 생각해 볼 수 있다. 성별에 따른 역할분담이 아니라 개인 역량과 선택을 지향하는 교육을 실시하는 것이다. 남녀는 갈등의 관계가 아니라 상호 협력의 관계이고, 성별과 무관한 개인의 역량과 선택이 중요하다는 사실을 강조한다.

넷째, 성별과 무관하게 자신의 능력을 충분히 실현할 기회의 평등을 보장받도록 제도적 장치가 마련되는 것을 의미한다. 예를 들어, 정부위원회나 행정부 고위직에 여성이 참여할 기회를 확대하는 것이다. 경제 분야에서 일정 비율의 여성 임원을 두도록 규정하고 있는 것도 마찬가지이다.[3]

특히 정치는 이러한 제도와 룰을 디자인하는 일이고, 선거를 통해 디자이너를 선출한다. 여성의 정치참여 기회가 지금보다 확대보장되는 방향으로 '선거제도'부터 변화한다면, 의회 구성이 바뀌고 남녀공존을 위한 제도들이 사회 전반으로 확산될 수 있다. 이러한 과정에서 남녀 간 공정성이 담보된 결과적 평등까지 기대해볼 수 있을 것이다.

새로운 룰이 필요한 이유

진정한 민주주의의 출발점

공존을 위한 룰로서 남녀동수는, 남녀가 동등한 가치를 가진다는 사고방식, 성적 차이와 특성을 존중하는 행동양식을 기본 전제로 한다. 다시 말하면 남녀가 서로에 대한 편견과 고정관념에서 벗어나, 모든 영역에서 동등하게 참여하고 평등과 자유를 온전하게 누리는 공동체를 만드는 것이 남녀동수의 이념이다. 이것은 모든 사람의 자유와 평등을 기본원리로 삼고 있는 진정한 민주주의의 모습이기도 하다. 따라서 남녀동수는 민주주의를 실현하는 토대이자, 민주국가의 통치원리라고 할 수 있다.

프랑스의 페미니스트 철학자 실비안느 아가젠스키 Sylviane Agacinski에 따르면, 남녀동수 이념은 성적 차이에 정치적인 의미를 부여하면서 기존과는 다른 방식으로, 즉 남녀 50대 50의 동수로 민주주의를 실현하는 것이다.[4] 그녀는 남녀동수 이념과 함께 그 사회는 한 차원 높은 새로운 민주주의 패러다임을 갖게 된다고 주장한다. 또한, 정치학자이자 사회학자인 마리에트 시노 Mariette Sineau는 여성이 없는 민주

주의는 불완전한 민주주의가 아니라, 아예 민주주의가 아니라는 주장까지 한다.[5]

지난 2022년 제21대 국회에서 발의된 남녀동수 3법 개정안[6] 외에 「정치분야 남녀 동등참여 지원에 관한 법률안」 제3조 제2항에 의하면, 동수민주주의는 "여성과 남성이 동등한 존엄과 가치를 확인하고 동등하게 권리와 책임 및 권력을 나누는 방식으로 사회조직을 재구성함으로써 정치제도를 민주적으로 만드는 것"으로 정의할 수 있다.

갈등을 넘어 공존으로

남성이 힘과 강압으로 여성을 지배해왔고 이러한 원시적인 야만성을 극복해온 과정이 인류문명의 역사라고 보는 시각이 있다. 이에 따르면, 인류 문명의 진보는 남녀평등과 여성의 자유가 어느 정도 이루어졌는가를 기준으로 가늠해볼 수 있다. 프랑스의 철학자 샤를 푸리에François Marie Charles Fourier[7]는 역사의 시대적 발전은 여성의 자유를 향한 진보와 비례하며, 여성 해방이 이루어진 정도가 인간의 보편적 해방을 측정하는 자연적인 척도라고 보았다.[8] 그래서 여성이 노예 상태에 있다면 남성 역시 노예 상태에 놓인 것과 같고, 여성이 해방되는 것은 곧 인류와 남성의 해방이고 역사의 진보를 의미하는 것이다.

이러한 관점에서 남녀동수는 남녀 모두의 해방을 의미한다. 따라서 남녀동수의 핵심 목표는 모든 사람이 자신의 성별에 구애받지 않고 공정하게 기회를 누리고 자기 삶을 주체적으로 설계할 수 있는 사회를 설계하는 것이다. 이는 남녀가 공존의 관계로 인식하고, 책임과 권리를 공유하는 동시에 상호 존중과 협력이 있어야만 가능하다.

AI혁명, 다름에서 오는 편견 해소

제4차 산업혁명 시대에는 과거와 달리 성별에 구애받지 않고 개인의 능력을 최대한 발휘할 수 있어야 한다. AI가 생활화되는 사회는 남성 중심의 사회에서 벗어나 남녀가 동등한 조건에서 능력에 따른 공정한 기회의 보장이 우선해야 한다.

그동안 남성 중심의 편향된 데이터를 기반으로 하는 AI의 활용은 기존의 사회구조 속에 존재하는 사회적 편견들을 답습할 수밖에 없었다. 2018년 아마존이 개발한 인공지능 채용프로그램처럼 과거의 데이터에 담긴 여성에 대한 오해들이 영향을 미쳐 오류로 이어질 수 있다.[9] 남성이 정치나 경제 분야에서 큰 영향력을 미치고 있는 현실에서 남성 위주의 사회구조는 여성에 대한 편견을 그대로 지속시킨다.

사회구성원의 절반이 여성임에도 불구하고 편향성을 품고 있는 AI의 활용은 다름을 인정하지 않고 차이로 인식하여 오해는 갈등으로 확대되고, 유능한 여성 인력을 제대로 활용하지 못하게 한다. 각자의 입장과 판단이 다름을 인정하고 갈등을 조율하여 공정하게 능력을 발휘하는 기회가 주어지는 것이 남녀동수정치다.

남녀동수 이론의 토대

프랑스 공화주의와 추상적 개인

남녀동수에 대한 이론적 토대는 프랑스 페미니스트들에 의해 만들어졌다고 할 수 있다. 2000년에 남녀동수법이 통과되기 전까지 프랑스에서 여성의 대표성은 매우 저조했다. 이로 인해 여성의 정치적 대표성이 향상되어야 하고 이를 위해 제도적인 변화가 필요하다는 인식이 프랑스 사회에서 무르익어가고 있었다. 그러한 시대적 요구와 우호적인 분위기 속에서 프랑스 페미니스트들은 1789년의 프랑스 대혁명 이래 프랑스 국가이념의 근본을 이루는 공화주의적 보편주의를 비판하고 재해석하면서 남녀동수 이론을 구성했다.

 남녀동수가 이론적 기반으로 삼고 있는 프랑스 공화주의적 보편주의는 추상적 개인을 시민의 대표이자 국가의 대표로 보는 계몽주의 정치사상에 뿌리를 두고 있다. 그리고 모든 시민이 출신에 관계없이 완전한 프랑스인이 되기 위해서는 단일한 기준에 동화되어야 한다고 가정한다.[10] 그렇다면 '추상적 개인'은 누구이며, 동화되어야 할 '단일한 기준'은 무엇인지 살펴보아야 한다.

'추상한다'는 철학적 용어는 '제거한다'라는 의미로 생각하면 이해하기 쉽다. 사과를 예로 들면, 사과가 가지고 있는 색깔빨간색, 노란색, 연두색 등, 크기대, 중, 소 등, 모양동글이, 길쭉이, 납작이 등, 맛단맛, 신맛, 떫은맛 등 그리고 종류홍옥, 부사, 국광, 아오리 등 등 사과의 모든 특성과 종류를 추상하면, 즉 제거하면 사과 그 자체인 사과라는 추상적 개념, 곧 추상적 사과만 남게 된다. 마찬가지로 추상적 개인은 출신이나 종교, 직업, 신분, 교육 등 사회에서 개인이 얻게 되는 모든 특성과 타고난 기질이나 성향, 인종적 특성조차 제거된 개인을 의미한다. 즉, 추상적 개인이란 각종 구체적인 특성이 제거된 인간 그 자체로서의 개인을 뜻한다.

추상적 개인들은 사회계약을 맺으면서 국가를 형성한다. 그들이 사회계약을 맺는 순간 각각의 개인적 인격은 사라지고 그 대신 하나의 집합적 공동체가 만들어진다. 이러한 결합행위를 통해 공동체는 통일성과 '공동 자아'moi-commune를 얻는다. 바로 이 공동체가 공화국으로서 국가 또는 주권자이며, 공동체가 내린 결정들의 총체가 공동체의 의지 또는 일반의지volonté générale이다. 이 일반의지가 바로 프랑스 공화주의적 보편주의에서 말하는 '단일한 기준'이다. 따라서, "단일한 기준에 동화되어야 한다"는 것은, 한 개인이 프랑스 국민이 되기 위해서는 국가의 일반의지를 따라야 하고 이에 동화되어 일반의지와 하나가 되어야 함을 의미한다.

프랑스 공화주의적 보편주의의 핵심은 다음과 같다. 출신이나 종교, 직업, 신분, 재산, 인종, 성별 등의 모든 구체적인 특성과는 무관한 인간 그 자체, 즉 추상적 개인이 국민 내지 시민으로 존재한다. 그리고 이들로 구성된 공동체의 일반의지를 모든 사람이 단일한 기준으로 받아들이고 이에 동화되어야 한다.

추상적 개인에 대한 재정의

프랑스 공화주의적 보편주의의 핵심 개념인 추상적 개인은 인간 그 자체로서의 개인, 즉 생물학적 차원에서의 성性과는 무관한, 중립적인 인간 종種 자체로 표현할 수 있다. 바로 이 지점에서 남녀동수를 주장하는 사람들을 포함한 대부분의 페미니스트 이론가들이 반론을 제기한다.

이들은 몰성沒性적 또는 성 중립적인 것처럼 사용되는 추상적 개인이라는 개념이 실제로는 여성을 배제한 채 남성만을 의미한다고 주장한다.[11] 그로 인해 마치 남성과 남성성이 보편적 인간과 인간성인 것처럼 나타나고 있다. 추상적 개인의 실체는 남성이며 추상적 보편주의는 결국 남성적 보편주의로서, 외양과 내용이 일치하지 않기 때문에 모순적인 보편주의이다. 한마디로, 프랑스 공화주의적 보편주의는 성을 추상화하면서 실제로는 사회정치적 주체를 남성으로 설정하여 '성차별적 패러다임'sexist paradigm이 되어버렸다.

남녀동수를 주장하는 사람들은 추상적 개인을 비판적으로 고찰하는 것에서 한 걸음 더 나아간다. 그들은 국가와 시민의 대표가 되는 추상적 개인에 대해 적극적으로 재정의하려고 한다. 그래서 '하나의 성'monosexual만이 누리는 민주주의, 남성만의 민주주의를 넘어서 진정한 민주공화주의 원칙을 만들고자 한다.[12] 그들은 인간에게서 결코 제거될 수 없는 특성으로 성적 특성, 여성과 남성이라는 해부학적인 이 원성을 주장한다. 즉 출신, 종교, 직업, 신분 등 사회에서 얻게 된 특성과 인종적, 민족적 특성 등이 제거된 후에도 결코 제거될 수 없는 특성은 여성과 남성이라는 성적 특성이다.

그들은 프랑스 보편주의가 제시하고 있는 인간이라는 추상성을 여성과 남성이라는 생물학적 성으로 구체화하고, 실제로는 추상적 개인들이 여성과 남성으로 이루어져 있음을 드러낸다. 그래서 기존의 대의민주주의에서 강조된 남성성과 남성적 보편주의를 없애고자 한다.[13] 기존의 대의민주주의에 대한 안티테제Antithese[14]로 여성과 남성의 평등한 대표성을 주장하고, 동수민주주의를 요구한다. 이러한 측면에서 남녀동수정치는 추상적 개인의 개념을 바꾸고 남녀의 동등한 대표성을 원칙으로 하는 새로운 정치사상이라고 할 수 있다.

할당제에서 남녀동수로

남녀동수를 여성할당과 비교하면, 남녀동수의 필요성을 더욱 쉽게 이해할 수 있다. 두 제도는 공통적으로 여성과 남성 사이에 불평등하게 분배되어 있는 정치권력을 지양하고 성평등이라는 보편적 가치를 실현하려는 제도적 장치이다.

그러나 남녀동수와 여성할당에 관한 논의는 생각의 출발점에서 차이가 있다. 두 제도가 여성을 바라보는 시각은 근본적으로 다르다. 여성할당제는 여성을 역사적으로 오랜 기간 차별과 불평등을 겪은 사회적 약자이자, 공통적인 이해와 정체성을 공유하는 사회적 소수집단으로 본다. 그러한 역사적 차별의 결과로 오늘날 정치, 경제, 사회 등 공적 영역에서 여성의 대표성이 매우 저조하게 되었다. 따라서 여성에 대한 과거의 차별과 억압에 대한 보상의 한 방편으로 여성을 위한 할당이 필요하다고 보았다.

이에 반해 남녀동수에 의하면, 앞에서 살펴본 바와 같이 여성은 해부학적 이원성에 근거하여 인류를 구성하는 두 유형 중의 하나로서 남성과 생물학적으로만 다를 뿐이다. 그리고 애초부터 남성과 여성이 동등한 천부인권과 가치를 가진다. 시민사회에서 시민의 절반은 여성이기 때문에 여성은 사회적 약자가 아니다.

여성할당제가 사회적 약자인 여성에 대한 배려를 전제로 한다면, 남녀동수제는 여성이 남성과 동등한 비율로 권력을 공유하는 것은 여성의 권리이자 타고난 의무이며 정치사회적 책임으로 본다. 인구의 절반이자 유권자의 절반은 여성이기 때문이다. 즉, 남녀동수는 공적 영역과 사적 영역의 모든 분야에서 여성과 남성 간의 책임을 동등하게 분배하는 것을 의미한다고 볼 수 있다.

여성할당제에 비해 남녀동수제는 할당 비율에 대한 논란을 없앤다는 또 다른 강점이 있다. UN은 여성 할당의 비율을 임계치 30%로 권장하고 있지만, 왜 하필 30%인가[15]와 관련하여 논란이 계속되었다. 여성의 대표성을 보장하기 위해 어느 정도의 비율이 적절한지 명확한 논리적 근거를 제시하는 데 어려움이 있었다. 그 결과 할당의 크기와 비율은 국가나 기관마다 임의로 결정되거나, 정치적 현실과 변화를 주도하는 세력에 의해 정치적으로 결정되는 경향이 짙다. 그에 반해 남녀동수제는 주권자의 절반인 여성이 자연권에 의하여 50%의 대표성을 가져야 한다고 본다. 이는 당위적이고 영구적인 조치라고 할 수 있다. 따라서 남녀동수를 그저 할당제의 한 형태로, 즉 50% 여성할당제로 보는 견해는 남녀동수의 실체적인 논리구조를 무시하고 겉모습만 보는 것이다.

표 1-1　　　　　　　　　남녀동수와 여성할당제

구 분	남녀동수	여성할당제
목 적	성평등한 보편적 가치의 실현	사회적 약자에 대한 배려
목 표	50% (인류의 절반)	최소비율 (30% UN 권고)
성 격	자연권에 근거한 영구적 조치	한시적 조치
이 론	보편주의적 민주주의	다원주의적 민주주의
여성에 대한 인식	· 인류를 구성하는 두 유형 중 하나 · 여성과 남성은 권리와 책임에서 대등 · 공동체로서 평등한 대표성	· 차별과 불평등을 겪은 사회적 약자 · 집단이 갖는 공통의 이해와 정체성 공유
공통점	· 여성의 정치참여 확대 · 성평등 실현	

남녀동수를 위한 하나의 정치적 방안으로 남녀동반선출제가 주장되었다. 한 선거구에서 남성 1명, 여성 1명을 선출하는 방법이다. 프랑스에서 비슷한 제도를 운영하고 있다. 프랑스 도의회 선거에서 정당은 각 선거구마다 남녀 한 쌍의 후보를 공천하고 유권자는 이들에게 투표하여 남녀가 함께 선출되도록 한다.

우리나라에서는 2013년 제19대 국회에서 지방의회 의원선거에서 남녀동반선출제를 도입하자는 법안이 제출된 바 있으나, 사회적 인식 부족과 임기만료로 폐기되었다.[16] 그러나 동반선출제처럼 남성과 여성이 비슷한 비율로 국회를 구성할 수 있는 제도를 계속해서 추진해야 한다. 그 결과는 정치·경제·사회 등 모든 분야에서 성 격차가 점차 완화되어 보다 평등한 민주주의로 나아갈 것이다.

국제지수로 보는 현실

남녀동수를 진단하는 국제지수

남녀동수 또는 성평등이 얼마나 진전되고 있는지 측정하기 위해서 성평등gender equality, 성 균형gender balance, 성 대칭성gender symmetry, 성 민감성gender sensitivity, 성 격차gender gap 등 다양한 용어들이 사용되고 있다. 그리고 관련된 수치들이 개발되면서 성 평등성을 측정하는 다양한 성평등지수들이 국제적으로 제시되고 있다.[17]

주요 지표로는 유엔개발계획UNDP에서 발표하는 젠더개발지수GDI나 세계경제포럼WEF이 「글로벌 성 격차 보고서」Global Gender Gap Report를 통해 발표하는 성격차지수GGI가 있다. 이 중 젠더개발지수는 성불평등지수GII·인간개발지수HDI를 성별로 구분해 남녀의 성취 수준을 성비로 측정한다.

그리고 노동시장 내 여성의 지위를 확인할 수 있는 대표적 지표로 영국 시사주간지 『이코노미스트』The Economist에서 발표하는 유리천장지수Glass-ceiling Index가 있다. 이들 지수는 국가 간 성평등 수준을 평가하는 중요한 기준으로 활용되고 있다. 그뿐만 아니라 한 국가의 성평

등 정책 방향이나 남녀동수의 진전상황을 진단하는 수단이 되었다.[18]

여성국회의원 비율 121위

1889년에 설립된 국제의회연맹 IPU, Inter-Parliamentary Union [19]은 '더 나은 의회와 더 강한 민주주의'를 실현하기 위하여 성평등 증진을 우선 과제로 선정하였다. 그리고 2012년 캐나다 퀘벡에서 개최된 제127차 국제의회연맹 IPU 총회에서 「성인지 의회를 위한 행동강령」 Plan of Action for Gender-Sensitive Parliaments 을 만장일치로 채택했다.[20] 국제의회연맹은 회원국을 포함하여 세계 모든 국가의 의회가 여성의원의 수를 확대하고 의회 내에서 여성의원의 지도력을 제고하기 위한 다양한 조치를 마련하도록 각 국가에 촉구한 바 있다.

국제의회연맹은 1997년부터 세계 각국의 여성국회의원 비율을 1년 주기로 작성하고 있다.[21] 이를 통해 정치, 경제 분야의 주요 정책 결정에서 여성의 참여 정도를 지표화한다. 2024년 12월 현재 190개국 여성의원의 평균 비율은 27.1%이고, 우리나라는 20%로 121위다.

남녀동수제를 실시하는 국가 중 여성의원의 비율이 50%를 넘는 국가는 르완다[63.8%], 쿠바[55.7%], 니카라과[53.9%], 멕시코[50.2%], 안도라[50%], 아랍에미리트[50%] 등 6개국이다.[22] 주요 국가들의 순위는 프랑스 44위[36.1%] 독일 48위[35.3%], 캐나다 65위[30.7%], 미국 75위[28.7%], 일본 141위[15.7%]이다.[23]

그동안 우리나라의 민주주의는 괄목할만한 발전을 이룩하였으나,

제22대 국회에서 여성의원은 60명^{20%}에 불과하다^{2024년 4월 당선자 기준}. 이는 전 세계 평균 여성의원의 비율^{27%}에도 미치지 못하는 수준으로 여성의 정치적 대표성이 취약하다. 성평등 국회를 위해서는 여성의원 수의 확대를 통해 국민의 대표기관으로서 여성과 남성이 동등한 대표성을 실현할 필요가 있다.

표 1-2   국가별 여성의원 비율 현황 (IPU, 2024년 12월)[24]

순위	국가	단원제 또는 하원			
		의석(명)	여성(명)	비율(%)	선거일
1	르완다	80	51	63.8	2024.07
2	쿠바	470	262	55.7	2023.03
3	니카라과	91	49	53.9	2021.11
4	멕시코	500	251	50.2	2024.06
5	안도라	28	14	50.0	2023.04
"	아랍에미리트	40	20	50.0	2023.10
10	아이슬란드	63	29	46.0	2024.11.
17	스페인	350	155	44.3	2023.07
20	벨기에	150	62	41.3	2024.06
44	프랑스	577	208	36.1	2024.06
48	독일	736	260	35.3	2021.09
65	캐나다	336	103	30.7	2021.09
75	미국	435	125	28.7	2024.11
121	대한민국	300	60	20.0	2024.04
141	일본	465	73	15.7	2024.10

유리천장지수 12년 연속 꼴찌

영국의 시사주간지 『이코노미스트』The Economist는 2013년부터 매년 3월 8일 '세계 여성의 날'을 기념해 OECD 29개 회원국을 대상으로, 이들 국가의 성평등 수준을 파악하기 위해 '유리천장지수'GCI, Glass-Ceiling Index[25]를 발표하고 있다.

2023년의 유리천장지수에 의하면,[26] 1위는 아이슬란드였으며 스웨덴, 노르웨이, 핀란드 등 북유럽국가들이 1위에서 4위까지 차지하고 있다.[27] 우리나라는 전체 OECD 29개국 중 29위로 순위가 발표된 2013년부터 12년 연속으로 부동의 꼴찌를 기록하고 있다. 성별 임금격차는 31.1%로 현격한 최하위를 기록했고, 여성 고위관리직 비율과 여성 이사회임원 비율은 OECD 평균의 절반에도 미치지 못했다.[28] 우리나라가 다른 국가에 비해 노동환경에서 성차별이 매우 심각한 수준임을 보여준다.

표 1-3　　　　유리천장 지수(GGI) 현황 (2023년)[29]

순위	국가명	순위	국가명	순위	국가명	순위	국가명
1	아이슬란드	9	덴마크	17	아일랜드	25	이스라엘
2	스웨덴	10	호주	18	체코	26	스위스
3	노르웨이	11	오스트리아	19	영국	27	일본
4	핀란드	12	스페인	20	그리스	28	튀르키예
5	프랑스	13	뉴질랜드	21	독일	29	대한민국
6	포르투갈	14	캐나다	22	미국		
7	폴란드	15	슬로바키아	23	네덜란드		
8	벨기에	16	이탈리아	24	헝가리		

　한편 글로벌 컨설팅그룹 맥킨지는 이미 2001년에 '여성 인력의 활용' 이야말로 기업과 국가의 국제적 경쟁력을 획기적으로 높여서 어둡고 긴 터널에 갇힌 한국경제를 터널 밖으로 이끌어낼 핵심적인 대안이라는 조언을 한 바 있다.[30] 그러나 20여 년이 지난 현재까지 여성 인재의 활용은 단순한 수사에 그치고 있으며, 여성 인력 활동의 필요성에 대한 사회 전반적인 인식도 여전히 부족하다. 여성의 노동시장 진출을 남성의 일자리를 **빼앗는** 것으로 보는 제로-섬$^{zero\text{-}sum}$ 게임[31]의 시각이 지배적이다. 이러한 현실에서 여성 인력을 보다 적극적으로 활용하고 남녀 동수를 확대 시킨다면 국가 경쟁력을 높일 수 있다. 우리나라의 유리천장 지수는 이러한 인식과 공감대 확산이 필요하다는 것을 보여준다.

성별 격차 105위

세계경제포럼WEF은 2006년부터 4개 핵심영역^{경제참여와 기회, 교육적 성취, 건강과 생존, 정치적 권한}에서 14개의 지표로 측정된 '성격차지수'GGI, Global Gender Gap Index를 개발해 각 국가의 성 격차를 비교해왔다. 이에 관한 「글로벌 성 격차 보고서」Global Gender Gap Report에 의하면 2024년 146개국의 전체 평균 글로벌 성 격차점수는 68.5%로 2023년의 68.4%보다 0.1% 상승했다.[32] 2024년 글로벌 성 격차 지수는 아이슬란드가 0.935점으로 1위인 반면에, 우리나라는 105위^{0.676점}에 그쳤다. 특히 정치적 권한만 보면 1위 아이슬란드가 0.972점에 비하여 우리나라는 1/4 수준인 0.223점에 불과했다.

영역별로 보면 2024년 건강과 생존 영역의 성 격차는 96%, 교육적 성취의 경우는 94.9%로 거의 완전한 성평등을 향해가고 있다고 평가할 수 있다. 반면에 경제참여와 기회는 60.5%, 정치적 권한은 22.5%로 특히 정치 영역에서는 세계적으로 성 격차가 매우 큰 상황이다. 정치적 권한 영역을 측정하는 지표로는 국회의원 비율^{여성국회의원 비율/남성국회의원 비율}, 장관 비율^{여성장관 비율/남성장관 비율}, 국가수장 재직기간^{최근 50년 이내 총리 이상 여성 재직 연수/남성 재직 연수}이 있다.

표 1-4 상위 10개국 및 주요국 성 격차 지수 GGI 현황(2024년)[33]

순위	국가명	GGI 점수	세부 영역			
			경제참여와 기회	교육적 성취	건강과 생존	정치적 권한
1	아이슬란드	0.935	0.815	0.992	0.962	0.972
2	핀란드	0.875	0.796	1.000	0.970	0.734
3	노르웨이	0.875	0.799	0.993	0.962	0.746
4	뉴질랜드	0.835	0.741	1.000	0.966	0.631
5	스웨덴	0.816	0.794	1.000	0.963	0.506
6	니카라과	0.811	0.642	1.000	0.978	0.626
7	독일	0.810	0.676	0.987	0.972	0.604
8	나미비아	0.805	0.783	1.000	0.980	0.456
9	아일랜드	0.802	0.737	1.000	0.964	0.507
10	스페인	0.797	0.732	0.998	0.966	0.494
22	프랑스	0.781	0.726	1.000	0.970	0.428
36	캐나다	0.761	0.746	0.996	0.968	0.334
43	미국	0.747	0.765	1.000	0.970	0.251
105	대한민국	0.696	0.605	0.980	0.976	0.223

세계경제포럼은 2006년부터 2024년까지의 조사에 근거해 전 세계적으로 완전한 남녀동수에 도달하기 위해서는 134년이 걸릴 것이라고 보고 있다.[34] 이러한 발전 추세에 근거해 성 격차가 완전히 사라져 동수가 되기까지 걸리는 기간을 계산하는데, 정치 권한의 경우 169년, 경제참여와 기회는 152년으로 예측하고 있다.[35]

배려를 넘어 동등 참여의 시대로

　남성과 여성이 협력하는 공존의 시대적 요구 속에서 능력이 우선되는 방향으로 근본부터 변화해야 한다. 이제는 동등하게 참여하는 남녀동수로 나아가야 한다.

　남녀동수정치는 남녀의 동등한 대표성을 중심으로 공존을 추구하는 정치를 의미한다. 단순히 여성을 위한 정치가 아닌, 남녀의 공존과 동등한 참여를 위한 새로운 정치, 남녀동수 정치가 요구된다.

　우리나라는 1948년에 국회를 개원하고 77년이 지났음에도 여성 국회의원은 60명[20%]에 불과하다. 이는 비례대표 여성 50%, 할당제 추진 등 여성의 정치참여 확대를 위하여 각계가 노력한 결과이다. 그럼에도 국제의회연맹 회원국 중 여성 국회의원 비율은 세계 121위, 유리천장 지수 12년 연속 꼴찌, 성 격차 지수 105위 등 아직도 최하위권에 머물고 있다.

　우리 사회는 AI혁명, 기후변화, 저출산, 고령화 등 환경의 변화를 겪고 있다. 뿐만 아니라 사회구성원의 절반이 여성이며, 대학 졸업자 중 여성 54%,[36] 로스쿨 입학생 중 여성 51%[37] 등 준비된 여성은 남성보다 뛰어남을 보여준다. 그러나 정치에서는 여전히 남성 중심의 문화가 지배적이고 여성의 지위는 열악하다.

　이제 남녀가 공존하는 진정한 민주주의를 실현하기 위해서는 새로운 기준을 만들어야 한다. 남녀동수가 답이다. 남녀동수는 할당제와 달리 새로운 패러다임으로 남녀의 책임과 권리가 함께하는 공존을 추구하는 정치, 평등한 대표성을 강조한다. 여성은 더 이상 배려의 대상이 아니라 주체이므로 여성에게 평등한 기회를 보장해야 한다.

2

남녀동수,
프랑스에서
일본까지

남녀동수로 가는 길

1995년 베이징 세계여성대회를 기점으로 각국은 여성의 정치적 역량 강화 및 평등한 접근을 추진하고 있다. 남녀의 지위가 동등해지는 세상을 만들기 위한 국제적 협력과 지원이 이루어지고 있다. 이제 남녀동수는 세계 각국의 목표가 되었고, 유엔여성지위위원회와 같은 국제적 여성기구들이 중추적 역할을 수행하고 있다.

여성의 정치적 대표성을 확대하기 위한 전략으로 남녀동수를 실천하는 방법은 나라마다 다르고 내용에서도 차이가 있다.

첫째는 정치영역에서 남녀동수의 근거를 헌법개정으로 마련하고, 각급 의회선거에서 남녀동수를 법적으로 강제하는 남녀동수법을 제정하는 방법이다. 대표적인 국가는 프랑스이며, 벨기에 등의 유럽 국가들, 세네갈과 튀니지 등의 아프리카 국가들 그리고 코스타리카를 필두로 한 9개의 라틴아메리카 나라들이 있다.

둘째는 헌법에 근거하여 국가나 정당이 자발적으로 남녀동수를 노력하는 방법이 있다. 독일, 스페인 등은 후보 공천을 정당의 자율성에 맡기고 있기 때문에 공천에서 진보적인 성향의 정당들은 남녀동수를 시행하고 있다.

셋째는 미국과 같이 남녀동수에 대한 법적 규정은 존재하지 않지만 헌법에 포괄적인 규정을 두고 '적극적 차별시정조치'Affirmative Action를 근거로 정부나 정당이 자발적으로 남녀동수를 추진하는 방법이 있다.

넷째는 남녀동수가 헌법에는 명시되어 있지 않지만 법률을 통하여 남녀동수를 도입하는 방법으로, 일본이 이에 해당한다.

정책결정 과정에 있어서 남녀동수를 이루기 위한 국제협약과 대표적인 국가로서 프랑스, 멕시코, 독일, 스페인, 캐나다, 미국, 일본의 사례를 살펴본다.

남녀동수를 위한 국제적 협력

여성권리장전, 차별철폐 협약

'여성에 대한 모든 형태의 차별철폐에 관한 협약'CEDAW, Convention on the Elimination of all Forms of Discrimination Against Women은 여성인권에 대한 권리장전이라고 불릴 만큼 여성의 권리를 포괄적으로 담고 있다.[38] 이 협약은 1979년 12월 18일 제34차 유엔총회에서 채택되어 여성의 권리를 보장하기 위한 국제적인 기준이 되었다.

당시 세계 각국은 여성의 지위향상을 위해서는 여성에 대한 차별철폐 등 권리보호를 위한 별도의 장치가 필요했다.[39] 이 협약은 "국가의 정치적 및 공적 생활에서 여성에 대한 차별을 철폐하기 위하여 모든 적절한 조치를 취하여야" 함을 원칙으로 명시하였다. 특히 "남성과 동등한 조건으로 모든 선거 및 국민투표에서의 투표권 및 선거에 의해 선출되는 모든 공공기구에의 피선거권을 여성에게 확보"하게 함으로써 여성의 정치적 참여를 강조하였다.

우리나라는 1984년 12월 27일 이 협약을 비준하고[40] 1987년 남녀고용평등법 제정, 1995년 여성발전기본법 제정 등 여성에 대한 차별금

지를 사회적으로 실천하기 위한 기반 마련에 노력해왔다.⁴¹

베이징선언과 남녀동수

베이징선언Beijing Declaration은 국제적 차원에서 여성할당제 30%를 목표로 여성의 정치참여 확대를 위한 중요한 분기점이 되었다. 1995년 9월 베이징에서 열린 제4차 세계여성대회에서 채택된 베이징선언은 '여성의 권리가 곧 인권'이라고 하였다. 의사결정과정과 권력을 포함한 사회 전반에 걸쳐 남녀평등에 기초하여 여성의 힘의 증진과 완전한 참여를 강조하였다.

베이징선언을 구체화하기 위해 행동강령Platform for Action이 채택되었다. 행동강령은 성평등 관점을 반영하는 '성주류화'Gender mainstreaming를 구체적인 실천전략으로 제시하고, 모든 과정에 여성의 대표성이 30%가 되도록 권고했다. 한편 여성의 정치참여 증진을 위해 선거제도에 여성을 남성과 같은 비율과 수준으로 조치하도록 하는 사실상의 남녀동수를 명시하였다.⁴²

> **제4차 베이징 세계여성대회 행동강령 발췌**
> 전략목표 G.1. 권력 및 의사결정과 여성
> G.1. 권력구조 및 의사결정에 여성의 *평등한 접근과 완전한 참여*를 도모하기 위한 조치를 취한다.
> 190. 정부

> (b) *남성과 같은 비율과 수준*으로 선거 및 비선거 공직에 여성을 통합시키도록 정당을 고무하는 선거제도를 포함하는 조치를 취한다.

베이징선언과 행동강령을 바탕으로 프랑스를 비롯해 많은 국가들이 남녀의 동등한 지위와 권리 실현을 위하여 다양한 노력을 전개하였다. 우리나라는 남녀가 동등하게 공존하는 사회를 위하여 1998년 대통령 직속 여성특별위원회 신설, 2001년 여성부 출범현 여성가족부, 2001년 비례대표 여성 30% 신설제16대 국회, 2004년 비례대표 여성 50%로 확대제17대 국회, 여성발전기본법을 2015년 양성평등기본법으로 개편 등 성주류화를 위한 추진 기반과 제도를 마련하였다.

유엔여성지위위원회와 유엔여성기구

제2차 세계대전 후 세계 각국에서는 빈곤, 여성인권 문제 등이 심각했다. 특히 여성의 보호와 권리 보장이 필요하다는 인식이 확산되면서 국제적 차원의 논의가 활발해졌다. 이에 따라 1947년 2월에 여성지위위원회 CSW, Commission on the Status of Women가 남녀평등, 여성의 권리 증진을 위해 중요한 역할을 하는 주요 국제기구로 설립되었다.[43]

여성지위위원회는 세계여성대회를 개최하여 여성인권문제를 국제적 공론장으로 이끌어내고 세계인권선언문에 성평등의 시각을 도입했다.[44] 여성의 지위 향상을 목표로 여성차별철폐협약 제정 등 제도를 마련하고, 2010년에 창립된 유엔여성기구와 함께 여성의 정치참여 확대를 위해 매진하고 있다.

유엔은 2010년 7월 2일에 독립된 유엔여성기구^{UN Women}를 설립했다.[45] 유엔여성기구는 전 세계 지속가능개발목표^{SDG}의 비전을 모든 여성의 삶에서 실현하고 여성의 동등한 참여를 지지하고자 ① 거버넌스 및 공적생활 참여, ② 여성의 경제적 권한 강화, ③ 여성에 대한 폭력 종식, ④ 여성, 평화, 안전, 인도주의적 활동과 재난 위험경감의 4가지 전략적 과제에 집중하였다. 그중에서 '거버넌스 및 공적 생활 참여'는 여성의 정치참여 증진 노력을 포함한다.[46]

2015년 유엔여성기구는 베이징선언^{1995년}을 토대로 하여 양성평등을 위한 도약으로 "2030년까지 50대 50의 지구"^{Planet 50-50 by 2030}를 선포했다. 반기문 유엔사무총장은 세계여성의 날 기념식에서 "2030년까지 남성과 여성의 지위가 50대 50이 되도록 하는 것이 목표"라며, "이는 단순히 구호가 아니다. 이는 유엔의 단결된 외침이며, 이를 행동으로 뒷받침할 준비가 돼 있다"고 선언했다.[47] 남녀동수는 각국의 목표가 되었고, 목표 달성을 위해 유엔이 함께하고 있다.

우리나라는 2010년 유엔여성기구 초대 집행이사국 선거에서 아시아권에서는 일본, 중국 등과 더불어 임기 3년의 이사국에 선출되고, 유엔은 2022년 우리나라에 '유엔여성기구 성평등센터'^{UN Women Centre of Excellence for Gender Equality}를 설립하였다.[48]

남녀동수로 가는 서로 다른 길

프랑스, 남녀동수 교과서가 되다

유럽 내 여성의원 비율 꼴찌국가의 반전   프랑스는 파격적으로 남녀동수를 위해 헌법개정과 함께 법적 개혁을 실시한 최초의 국가이다. 이러한 제도적 조치를 통해 정당에게 남녀동수를 강제함으로써 여성의 대표성을 높이고자 선도한 국가로 자리매김하게 되었다.

　프랑스는 1789년의 대혁명을 거치면서 대의민주주의가 유럽에서 뿌리내리는 데 커다란 역할을 했다. 그러나 평등이라는 민주주의의 이념적 가치를 여성에게까지 넓히는 데에는 매우 인색했다. 이는 다른 유럽과 북미 국가의 여성들이 1900년대 초에 참정권을 획득한 것과 비교해, 프랑스 여성들은 매우 늦은 시기인 1944년에 비로소 참정권을 부여받았다는 데에서도 나타난다.

> **여성참정권 보장**
> 1893년에 뉴질랜드가 세계 최초로 여성의 참정권을 인정한 이래 노르웨이가 1913년, 덴마크가 1915년, 캐나다가 1917년,

> 독일이 1918년, 오스트리아와 네덜란드가 1919년, 미국이 1920년, 스웨덴 1921년, 영국이 1928년에 여성에게 참정권을 부여했다. 우리나라는 1948년 제헌헌법에서 남녀의 평등한 참정권이 보장되었다.

1980년대까지 프랑스는 유럽에서 여성의 정치적 대표성이 매우 낮은 국가에 속했으며, 동시에 여성의 정치참여 확대에도 별 관심을 보이지 않았다. 프랑스 제5공화국의 국민의회(하원)에서 여성의원 비율의 변화를 보면, 1958년에 최저점인 1.3%에서 40년이 흐른 1997년이 되어서야 가까스로 10%에 이르렀다^{그림 2-1 참조}. 이 당시 유럽 국가들의 여성의원 평균 비율은 15%였으며, 프랑스보다 낮은 국가는 그리스^{6.3%}뿐이었다.[49]

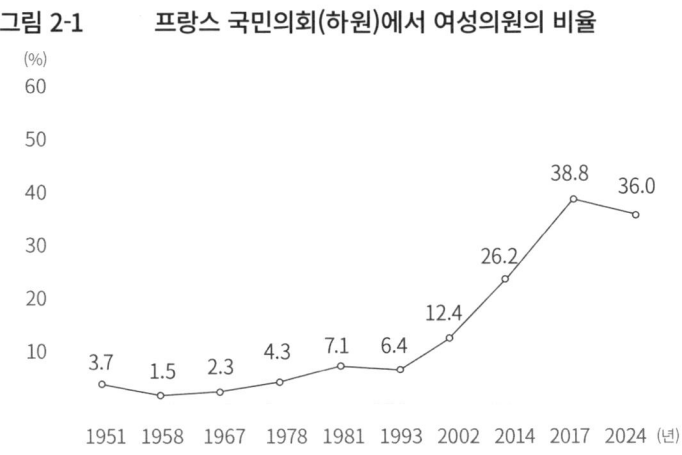

그림 2-1   프랑스 국민의회(하원)에서 여성의원의 비율

프랑스 혁명의 깃발을 다시 들다   이처럼 프랑스에서 여성의 정치적 대표성이 심각하게 낮은 데에는 1970년대 프랑스 여성운동의 성격도

한몫했다. 프랑스 여성운동은 여성의 평등과 함께 경제적·성적·문화적 자유를 성취하는 데 목표를 두었으며, 이러한 목표를 법 제정이나 국가행정에 참여하여 이루기보다는 사회운동에 관심을 가졌다.[50]

프랑스 페미니스트들은 "개인적인 것이 정치적인 것"이라는 슬로건에 따라 임신중단, 피임, 모성, 동성애, 성폭력, 남녀관계 등의 개인적인 문제에 대한 관심이 곧 정치적 행위라고 생각했다. 국가 공공영역에서의 권력 문제는 프랑스 페미니스트들의 관심 밖에 있었다.

프랑스에서는 1992년부터 남녀동수운동이 시작되었다. 이론적으로는 프랑소와즈 가스파르·클로드 세르방-쉬라이버·안느 르 갈이 공동 집필한 『여성 시민이여, 권력으로!』라는 책의 발간으로 포문이 열렸다.[51] 이 책에서 그들은 남녀동수운동의 목적은 헌법에 "선출된 지방의회와 중앙의회에서 남녀는 동수이어야 한다"는 조문을 넣는 데 있다고 주장한다.[52]

『여성 시민이여, 권력으로!』

1992년에 〈빠리테 Parité〉와 〈빠리테 2000〉이라는 단체가 만들어졌으며, 1993년 3월까지 남녀동수를 강제하는 헌법 제정을 요구할 목적으로 많은 단체들이 만들어졌다. 1993년 11월에는 〈동수를 위한 여성네트워크〉가 남녀동수운동의 첫

'빠리테 2000'의 창립

번째 상징적인 행동을 취했는데, 르몽드지 Le Monde에 남녀동수법을 도입하라는 요구를 담은 "동수민주주의를 위한 577인 선언 Manifeste des 577 pour une démocratie paritaire"을 발표했다.53

남녀동수를 향한 여성계의 적극적인 노력에 힘입어 정당들도 자신들이 깨어있는 친여성적 정당이라는 이미지를 주고자 노력했다. 좌파계열의 정당들은 1994년의 유럽의회 선거에서 남녀동수로 된 선거명부를 발표했다. 1995년의 대통령 선거운동 기간에는 극우정당의 후보를 제외한 모든 정당의 후보들이 남녀동수를 지지한다고 밝혔다.

남녀동수 논의의 산실, 남녀동수감시소 프랑스의 일련의 변화를 이끌어낸 것은 남녀동수감시소다. 이를 통해 1999년 헌법개정으로 적극적 조치의 근거를 마련하고, 남녀동수법을 도입하는데 큰 역할을 했다. 이밖에 동수민주주의가 안착되는 과정에서 국민의 반대에도 불구하고 많은 여성단체들이 세미나, 언론 등을 통해 동수민주주의의 필요성을 확산시켰다.

1995년에 시라크 Jacques R. Chirac 후보는 국가와 사회에서 남녀동수 개혁을 준비하기 위해 남녀동수감시소 Observatoire de la parité의 설치를 약속했고, 실제로 대통령에 선출되고 총리실 산하에 남녀동수감시소를 설치했다. 남녀동수감시소는 남녀동수와 관련된 정책의 제도적 개선을 시행하는 기구로, 그 기능은

① 국가와 국제적 차원에서 여성의 지위에 관한 특별한 행동방침과 통계 분석, 연구 등의 프로그램을 집중적으로 기획·배포, ② 정치, 경제, 사회에서 남녀 간 불평등에 대한 조사, 동수를 방해하는 장애 확인, ③

의회 입법안이나 정부 행정명령안 등에 관하여 의견 제시, ④ 남녀간 불평등 분석 및 해소, 동수에 이르기 위해 총리에게 개혁이나 권고 제안으로 동수민주주의의 정착을 위한 중요한 견인차 역할을 했다.

남녀동수감시소는 2013년부터 남녀동등최고위원회 Haut Conseil à l'égalité entre les femmes et les homme 로 개편되었다.

할당제가 위헌이라고, 그럼 남녀동수 헌법으로   프랑스에서 남녀동수제 이전에 여성할당이 없었던 것은 아니다. 1982년에 사회당 정부는 지방선거의 명부식 비례대표에서 후보 명부의 25% 여성할당을 위한 법안을 제출했지만 헌법위원회에서 위헌판결이 내려져 폐지된 바 있다. 이 사건으로 프랑스에서 여성할당 관련 논의는 상위법인 헌법의 개정이 필요했다.

1997년의 총선에서 사회당이 승리함에 따라 좌파 총리조스팽와 우파 대통령시라크의 동거정부가 만들어졌다. 1998년에 조스팽과 시라크은 남녀동수를 위한 헌법 개정에 합의했고, 헌법수정안은 하원과 상원 및 상하 양원합동회의를 거쳐 개정되었다. 이 당시 여론조사에 의하면, 남녀동수를 헌법에 신설하는 것에 대해 프랑스 국민의 75%가 찬성했다.

프랑스 헌법 (1999년 개정)
제3조 제5항 법률은 선출직 공무원과 선출직 의원직에 여성과 남성이 동등하게 진출하도록 한다.
제4조 제2항 정당과 정치단체들은 법률이 정하는 바에 따라 제3조 제5항에 규정된 원칙을 현실화하도록 노력해야 한다.

최초 남녀동수법 탄생　　헌법 개정에 이어 2000년 탄생한 남녀동수법인 '빠리테법'La Parité 은 선거법의 일부 조항을 개정한 법이다.

최초의 남녀동수법은 하원의원과 상원의원 선거 중 4명 이상의 의원을 뽑는 선거구, 지방의회, 3,500명 이상의 시의회 그리고 유럽의회 선거에 적용되었다. 하원의원 선거를 제외하고 남녀동수법의 적용을 받는 모든 선거는 비례대표제이다. 따라서 정당이 선거명부를 작성할 때 남녀동수로 구성하지 않으면 그 선거명부는 접수가 거부되어 선거에 참여할 수 없었다. 그러나 하원의원 선거는 비례대표제가 아니고 소선거구 다수대표제이기 때문에 선거전에 정부가 강제할 수 있는 방법이 없었다. 그 대신 남녀동수로 공천하지 않은 정당에 대해서는 선거 후에 국가지원금을 일부 삭감하는 방식으로 제재를 가했다.

> **다수대표제 : 표를 많이 얻은 후보가 당선되는 제도**
> - 상대적 다수대표제: 유권자가 한 선거구에서 한 표만을 투표한 후 가장 많이 득표한 입후보자가 당선되는 제도
>   예) 우리나라 국회의원선거
> - 절대적 다수대표제: 과반수 이상의 절대 다수를 인위적으로 만들기 위한 선거제도. 예) 프랑스의 결선투표제. 결선투표제는 과반수 득표자가 나오지 못한 경우에 2차 투표를 실시. 보통 1차 투표의 득표율에 따라 결선투표 출마자격이 제한됨

계속하여 2008년 남녀동수 헌법개정 등 남녀동수법의 문제점 개선, 적용범위 확대 등 관련 규정이 여러 차례 개정되었고, 이후 모든 선

거에서 여성의원 수와 비율이 증가했다.

표 2-1　　　　　　　　남녀동수 관련 법 변천

구분		주요 내용
헌법	1999년	헌법 개정(제3조와 제4조) - 국가와 정당은 여성의 정치참여 확대를 위해 적극 노력
	2008년	헌법 개정(제1조) - 선출직에서 여성과 남성의 동등한 접근에 특혜 부여 - 법은 직업 및 사회적 책임이 있는 직에도 남녀의 동등한 접근이 가능하도록 특혜 부여
남녀동수법	2000년	동수법 제정: 정당은 각급 선거에서 남녀후보 수를 동등하게 - 유럽의회선거(1회), 상원의원 선거(비례)는 엄격한 남녀 교호순번제 적용 - 결선투표를 하는 지역의회, 시의회(3,500명 이상 거주) 선거에서 6명 단위로 남녀동수 적용
	2013년	도의회는 남녀동반으로 선출한다(여성과 남성 후보가 한 쌍을 이루어 출마하고 다수대표제로 선출된다).
기타 관련 법	2007년	선거법 - 시의회선거(3,500명 이상 거주)에서 선거명부 작성 시 남녀교호순번제 채택 - 하원의원 선거에서 남녀동수 준수하지 않은 정당은 국고지원금에서 지키지 않은 비율의 75% 삭감(2012년부터, 이전에는 50%)
	2012년	소바데법 - 2018년부터 국가, 지자체, 자선단체 등의 이사회에서 여성위원 비율 40%
	2019년	지역활동에 참여 및 유사공적활동에 관한 법 - 1,000명 이상의 시의회 집행부 선출 시 남녀교호순번 적용(시장 제외)

남녀동수법이 만들어낸 변화   2000년에 남녀동수법이 통과된 이후 처음 실시된 2002년 하원의원 선거에서 여성의 비율은 12.4%로, 바로 직전인 1997년에 치러진 선거의 10.9%에 비해 기대와는 달리 남녀동수법의 효과는 매우 미미했다. 이는 프랑스의 거대정당들이 국고지원금의 삭감을 감수하면서까지 기성 정치인인 남성을 공천하고 여성을 공천하지 않은 데에서 기인했다.

그러나 이후 거대정당들이 점차 여성후보를 많이 공천하고 또 여성후보들의 당선율이 높아지면서 여성의원 비율은 상승하고 있다. 특히 2017년 총선에서 마크롱 대통령의 정당인 공화국전진당REM, République en Marche, 중도성향은 처음으로 여성후보를 51% 공천해서 전체 여성 당선자 비율이 38%를 넘게 되었다. 최근의 2022년 총선 결과 여성의원의 비율은 37.3%로 여전히 남녀동수에는 도달하지 못하지만, 남녀동수법 도입 이전 10% 미만의 여성의원 비율을 고려하면, 남녀동수법의 시행으로 프랑스 하원에서 여성의원의 비율은 크게 증가했다.

반면, 상원에서도 여성의원의 비율은 남녀동수법이 적용되기 시작하면서 지속적인 상승세를 보였다. 2001년에 10.9%였던 여성의원의 비율은 2014년에는 25.0%로 전체 상원의원 중 여성이 1/4에 이르게 되었으며, 2023년에는 36.2%에 달하게 되었다. 남녀동수법이 적용된 지 20년이 더 된 시점에서도 여전히 40.0%에 못 미치는 것은 상원에서 남녀동수법의 적용이 부분적이라는 데에서도 기인한다.[54]

멕시코, 여성이 통치하는 나라

심각한 남성 우월주의   대표적인 남성 중심의 '마초'사회인 멕시코는 현재 하원50.2%과 상원50%에서 남녀동수를 구성했고, 대통령 및 대법원장도 여성이 선출되었다. 남성이 강조되는 문화에서 여성의 정치참여는 더디었지만, 여성할당제 시행을 위한 선거 개혁은 정치적 남녀평등에 도달하는 중요한 수단이 되었다. 여성의 정치적 참여를 위한 투쟁은 할당제의 발전과 2014년에는 정당이 남녀동수를 공천해야 한다는 남녀동수제의 개혁을 이뤄냈다.

멕시코 여성은 1953년이 되어서야 투표권을 부여받았다. 멕시코는 여성운동의 역사가 짧음에도 여성에 대한 차별과 폭력이 국가적 문제임을 인지하고 여성정치에서 괄목할만한 진전을 보였다. 멕시코는 여성할당제 실시를 통해 여성의 정계진출을 제도적으로 장려하였다.

1996년에 후보공천에서 30%를 여성으로 채우도록 하는 할당제를 권장사항으로 규정하고, 2002년에는 여성할당제의 의무화, 2008년에는 여성공천 비율 40%, 2015년에는 50%까지 확대했다. 그러나 정당들은 할당제의 허점을 악용하여 당선이 유력한 지역구에는 남성후보를 공천하고, 낙선이 유력한 지역구에는 여성을 공천했다. 또한 정당별로 지역구당 2명의 후보가 출마하는 상원은 여성후보를 남성후보와 짝지어 공천한 뒤 여성후보에게 양보를 강요하거나, 경선을 치르면 할당제 적용을 면제받는 예외규정을 악용하여 실질적으로 여성후보들에 대한 할당제의 적용이 어려웠다.

선거재판소의 판결과 개헌   2009년에 멕시코 여성 정치인들은 당적을 초월하여 연대해 정당들을 상대로 '할당제 관련 예외 규정의 철폐'를 위한 소송을 제기하여 승소를 이끌어냈다. 이를 계기로 2014년 헌법 개정 및 선거법에 남녀동수 조항의 도입이 가능했다.

> **멕시코 헌법**
>
> 제41조 제1항 … 정당의 목적은 국민의 민주주의 참여를 촉진하고, 국가 대의제의 통합에 기여하고, 시민이 프로그램과 원칙 및 사상에 따라 보통·자유·비밀 및 직접선거를 통하여 공권력을 행사할 수 있게 하며, 성별과 연방 및 지방의원 사이의 평등을 보장하는 것이다.

개헌 이후 멕시코의 선거법은 후보자 공천에서 남녀동수제를 명시했고, 이는 연방의회, 지방의회, 선출직 공직자 등 선출직 모두에 적용되었다. 이 선거법은 남녀동수제를 실질적으로 보장하기 위해 비례대표 후보자 명부의 대체자는 반드시 동일 성별이어야 하며, 명부는 남녀교호순번제를 따르도록 후보자명부 작성규칙을 규정했다. 또한 이를 이행하지 않는 경우에 대비해 법적 제재조항을 두었다.[55]

선거위원회의 적극적인 감시   선거위원회는 2015년 선거의 사전대비책으로 '멕시코 여성정치참여 감시반'을 구성하고, 지역구 선거에

3단계 모니터링 규칙을 적용했다. 첫째, 각 정당은 선거구를 '우세', '경쟁', '열세' 세 지역으로 구분하고, 둘째, 각 지역마다 여성과 남성을 50% 동수로 공천하고, 셋째, 당선 우세 지역구에는 45%, 경쟁 지역구에는 51%, 열세 예상 지역구에는 54%를 여성후보로 공천하도록 했다.[56] 당선이 우세한 지역에는 남성후보를, 열세인 지역에는 여성후보를 공천하는 정당의 꼼수를 차단한 것이다.

일련의 선거재판소의 판결과 개헌, 그리고 선거위원회의 적극적인 감시는 2015년 선거에서 여성의 정치 대표성을 높이는데 기여하여 여성 하원의원 비율 42.6%를 달성하게 했다.

상원의원에 여성이 남성보다 많은 나라 남녀동수제로의 개정은 여성의 정치참여를 활성화하고, 정당들이 여성후보를 동등하게 공천하도록 압박하는 데 중요한 역할을 한다. 2018년에 치러진 멕시코 총선에서 여성당선자의 비율은 하원 49%, 상원 51%이었다. 이 선거를 통해 멕시코는 하원 여성의원의 비율이 다른 중남미 국가에 비해 압도적으로 높을 뿐만 아니라, 전 세계에서 여성 상원의원이 남성 상원의원보다 많은 유일한 나라가 되었다.[57] 이는 우세·경쟁·열세 지역으로 세분화하여 여성과 남성을 같은 비율로 공천하도록 규정한 '남녀동수'제도 덕분이다.

이러한 동수민주주의는 2024년에 멕시코 첫 여성 대통령의 당선을 이끌어냈다.[58] 여성 대통령은 주요 정부 인사를 능력과 전문성을 중시하여 내각을 남녀동수로 구성했다. 멕시코에서 남녀동수는 정치 분야뿐만 아니라 사회·경제로 확산되고 있다.

독일, 남녀동수 정당에 맡기다

정당의 자율적 여성할당에 기대다　<유엔 여성차별철폐협약에 대한 9차 보고서>에 따르면, 독일은 여성의 정치적 대표성이 여전히 미흡한 수준이다. 브란덴부르크Brandenburg, 튀링겐Thüringen과 같은 일부 주에서 여성할당제 의무화를 위해「남녀동수법」Paritätsgesetz을 제정하였으나, 헌법재판소에서 위헌이 선언되었다. 그러나 각 정당에서 자율적으로 남녀동수를 도입하고 있다.

여성할당제가 세계적으로 제도화되고 크게 확산되었던 1980~1990년대, 독일의 정당들은 자율적으로 여성할당을 실시했다. 독일의 양대 정당인 사민당SPD은 1988년, 기민련CDU은 1996년에 당헌 개정을 통해 여성할당제를 수용했다. 1979년에 창당한 녹색당과 2007년에 창당한 좌파당은 창당과 동시에 의원선거명부에 최소 50%의 여성 비율을 보장하는 강제규정을 당헌에 담았다. 연대90/녹색당과 좌파당은 당 차원에서 남녀동수를 실시하고 있다.

독일 정당들의 이 모든 여성할당 규정들은 정당들이 자율적으로 후보 공천에서 일정 비율을 여성에게 할당하는 것이다. 이는 법헌법 또는 선거법 등에 여성 할당을 규정하여 모든 정당이 이를 따르도록 강제하는 법적 할당제는 아니다.

표 2-2   독일 정당별 여성할당제의 내용

정당	여성할당제 내용
사민당 (SPD)	· 모든 당직과 의원직에서 여성과 남성의 40% 최소보장
기민련 (CDU)	· 모든 당직과 의원직에서 최소 ⅓을 여성에게 배분 ('⅓ 여성할당제')
연대90/녹색당	· 연방 차원의 모든 당 기관과 위원회, 연구회는 최소한 여성 50% 포함 · 의원 선거명부는 남녀교호순번으로 하며 여성이 홀수번호를 가짐
좌파당 (Die Linke)	· 모든 당직과 선출직 후보지명에서 최소 50% 여성 비율 보장
자민당 (FDP)	· 여성할당 실시하지 않음
독일대안당 (AfD)	· 여성할당 실시하지 않음

독일 연방의회Bundestag에서 여성의 비율은 1983년까지 10% 미만이었으며, 1987년의 선거에서 비로소 10%대를 넘어섰다15.4% 그림 2-2 참조. 이는 남녀동수 공천을 하던 연대90/녹색당의 약진당의 총의원 수가 28명에서 44명으로 증가으로 여성의원이 급증10명에서 25명으로 15명 증가했기 때문이었다. 특히 독일 양대 정당 중 하나인 사민당이 할당제를 도입한 이후 치러진 1990년의 연방의회선거 결과, 제12대 연방의회에서 여성의원의 비율은 20.5%로 독일 역사상 처음으로 20%대를 돌파했다.

이후 연방의회에서 여성의원의 비율은 증가세를 보였는데, 기민련이 여성할당제를 실시한 이후 치러진 1998년 선거에서 연방의회 여성의원 비율은 30.9%로 30%대를 돌파했다. 그러나 1998년 선거 이후 2025년의 선거까지 여성의원의 비율은 30%대 내에서 오르내리고 있으며, 여전히 40%대를 넘지 못하고 있다.

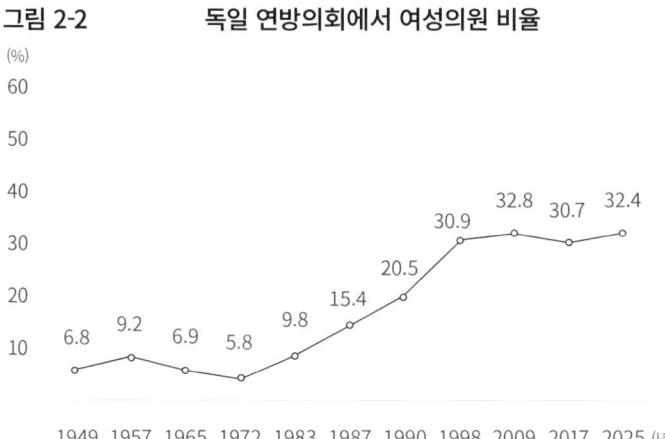

그림 2-2   독일 연방의회에서 여성의원 비율

2024년 현재 연방상원의원은 69명이다.[59] 연방상원에서 여성의원의 비율은 2014년에 40.6%에 도달한 이래 오르락내리락하고 있지만 그림 2-3참조, 전반적으로 하원에서의 여성의원 비율보다는 높은 편이다.

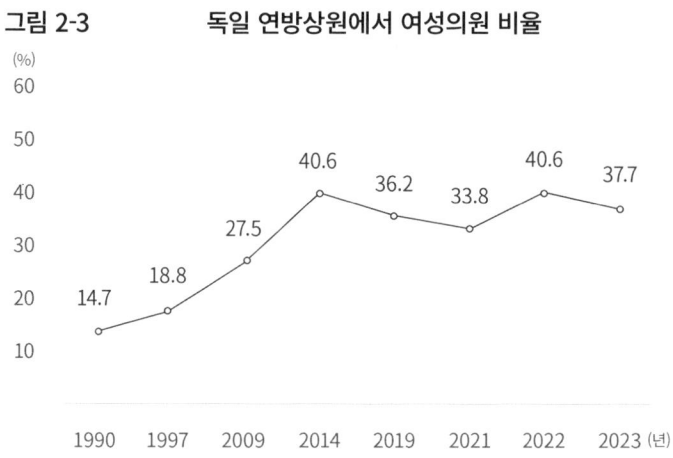

그림 2-3   독일 연방상원에서 여성의원 비율

30%에서 멈춘 여성정치   연방의회 여성의원의 비율은 1998년에 30%대에 진입한 이래, 지금까지도 40%대를 넘지 못하고 있다. 이러한 결과는 후보공천에서 일정 비율을 여성에게 할당하도록 강제하는 법적규정 없이 여성 할당을 정당의 자발성에 맡기고 있는 정당할당제의 한계라고 볼 수 있다.

또한 정당마다 선거명부에서 여성을 배치하는 데에 있어 상이한 할당규정을 갖고 있다. 심지어 자민당과 독일대안당은 할당제 자체를 거부하고 있다.[60] 2021년의 연방의회 선거결과를 보면, 보수계열 정당들의 경우 여성의원의 비율은 기민련 23.4%, 자민당 23.9%, 독일대안당은 13.3%였다. 반면에 진보계열 정당들의 경우 여성의원의 비율은 사민당 41.7%, 연대90/녹색당 59.3%, 좌파당 53.8%였다.

주의회가 쏘아올린 남녀동수법   2000년에 프랑스에서 통과된 남녀동수법은 독일에서도 주목을 받게 되었다. 그러나 독일에서 남녀동수의 법제화에 대한 본격적인 논의가 시작된 것은 2000년대 후반이고, 우선적으로 주와 지방 선거명부에서 남녀동수 입법화가 시도되었다. 왜냐하면 연방의회보다도 주의회와 지방의회에서 여성의 대표성이 더 낮았기 때문에 이에 대한 시정이 필요했고, 다른 한편으로 주선거 및 지방선거와 관련된 입법은 주 차원에서 이루어지기 때문에 연방 차원의 입법에 비해 보다 수월할 수 있기 때문이다.[61] 지금까지 남녀동수법이 주의회를 통과한 경우는 튀링겐 주와 브란덴부르크 주뿐이다.

독일 남녀동수법, 위헌소송에 무너지다   브란덴부르크 주의회는

2019년 2월에 독일에서 처음으로 남녀동수법을 통과시켰다. 브란덴부르크의 경우 주의회에서 여성의원 비율은 명백히 동수와는 거리가 있는 31.8%[2023년 10월]로 독일 16개 주 중에서 9위였다.[62]

브란덴부르크의 연대90/녹색당 원내교섭단체는 2018년 2월에 '포괄적 동수법'[브란덴부르크 선거법 제3차 개정법] 초안을 제출했고 같은 해 5월에 관련 공청회가 개최되었다. 연대90/녹색당은 법안을 제출하게 된 사유로서 브란덴부르크에서 여성유권자의 비율은 51%에 달하는 반면에, 주의회에서 여성의 비율은 38.6%에 불과하다는 점을 지적했다.[63]

동 법안은 2019년 2월에 제2차 독해를 거쳐 마침내 주의회에서 통과되었다. 그러나 같은 해 8월에 극우정당인 독일국민민주당[NPD]과 독일대안당은 브란덴부르크 주 헌법재판소에 위헌소송을 제기했다. 이들은 헌법이 정당에 보장하고 있는 조직의 자유와 강령의 자유, 후보선출의 자유를 남녀동수법이 훼손하며 국민이 의사를 형성하는 과정은 국가의 간섭에서 자유로워야 한다고 주장했다.[64] 브란덴부르크 주 헌법재판소는 그들의 주장을 받아들여 2019년 10월에 남녀동수법을 기각했다.

튀링겐 주의회는 2019년 7월에 브란덴부르크 주의회에 이어 두 번째로 남녀동수법을 통과시켰다.[65] 튀링겐 주의회에서 여성의원의 비율은 31.0%[2023년 10월]로 독일 16개 주 중에서 11위였다.[66] 이에 대해 독일대안당은 튀링겐 주헌법을 제정한 사람들이 남녀동수를 명문화하고자 하지 않았다는 근거로 동수를 담고 있는 개정 선거법을 튀링겐 헌법재판소에 제소했다.

2020년 7월에 튀링겐 주 헌법재판소는 그러한 역사성에 대한 대안당의 견해를 받아들여 동 선거법을 위헌으로 판결했다.[67] 나아가 튀링겐 헌법재판소는 남녀동수를 담고 있는 본 선거법이 정당의 자유를 제한함으로써 위헌의 소지가 있다고 판결 사유를 제시했다. 이에 일부 튀링겐 여성들은 연방헌법재판소에 튀링겐 주 헌법재판소의 판결에 대한 헌법소원을 청구했지만, 연방헌법재판소는 이를 기각했다.[68]

독일에서 동수제가 확립되기 위해서는 독일의 모든 정당이 자발적으로 남녀동수제를 도입하거나 아니면 남녀동수의 도입이 가능하도록 연방기본법을 개정해야 한다.

스페인, 모든 권력의 절반은 여성에게

여성의원의 급격한 증가 스페인은 프랑코 독재체제 하에서 보수적인 문화가 지배했다. 여성은 아이를 돌보는 전통적인 성역할에 한정되고 아이들에 대한 법적 권리도 남성에게 있었다. 남성들은 공적 영역인 주요한 정책 결정 및 정치를 독점했고, 여성의 정치적 참여는 심각하게 제한되었다.

스페인에서 여성의원 수가 증가한 것은 사회주의노동당이 여성할당제를 채택하면서부터이다. 이로 인해 다른 정당들도 여성의원의 수를 증가하기 위한 정책을 앞다투어 도입했다. 정당의 당헌·당규, 가치관, 당 집행부의 여성리더십 등이 여성의 정치 참여 확대에 큰 영향을 미쳤다.

스페인은 1975년에 프랑코가 사망한 이후 개혁과 민주화를 시작했지만, 가부장적인 문화는 쉽게 변화되지 않았고, 여성의 정치참여 확대는 관심의 대상이 아니었다. 20세기 말에 이르러서야 스페인은 여성의 지위가 향상되고 정치참여가 획기적으로 발전한 국가로 변모했다. 이는 스페인의 중도좌파인 사회주의노동당PSOE, Partido Socialista Obrero Español의 정당지도부와 선출직 후보 25% 여성할당에서 시작되었다.[69]

스페인 하원의 여성의원 비율의 변화를 보면, 1967년에는 1%, 1977년에는 6%, 1989년 14.6%, 1996년 21.4%에 이르렀고, 2004년에 36%, 2014년에는 39.7%, 2018년에는 41.1%에 도달했다.[70] 여성의원은 저조한 비율을 보이다가 정당이 선거명부에서 여성할당제를 채택함으로써, 1977년부터 2018년 사이에 6%에서 40%대로 급격한 증가를 보인다. 2023년 7월 기준, 하원에서 여성의원은 350석 중 155석44.3%을 차지하여 높은 비율을 유지하고 있다. 상원에서도 여성의원의 비율은 42.3%이다.

정당에 의한 할당제의 자율적 도입   다른 북유럽 국가들과 달리, 사실상 스페인의 여성 정치참여 확대는 법적 할당이나 남녀동수제도 없이 이루어진 독특한 케이스이다.[71] 스페인 여성의 정치참여가 급속한 증가를 보인 것은 큰 정당들이 자발적으로 선거명부 여성할당제를 도입한 시기이다. 여성의 사회적 지위 향상이 선행되지 않은 상황에서 여성의 정치참여 확대를 위한 정당 내의 여성할당제 전략이었다.

1980년대까지 여성의원이 10%대에 이르지 못하자, 페미니스트들이 정당 내에서 여성의 과소대표성에 집중하여 공론의 장을 열었다. 정당 내에서도 선출직 및 여성대표성 확대에 관한 논쟁이 가속화되었다. 이에 사회주의노동당은 1988년 자발적으로 당내 지도부와 선거인

명부에 25% 여성할당을 규정했다. 그 결과 사회주의노동당 소속 여성 의원의 비율이 1986년 7.1%에서 1989년 17.1%로 점차 증가했다.[72]

곧이어 공화주의 성향의 좌파계열인 좌파연합당Izquierda Unida, IU 은 1989년에 25% 여성할당제를 도입했다. 평등에 대한 가치관을 중시하는 정당은 남녀동수제 도입에 적극적인 경향이 있다. 사회주의노동당은 1997년에 기존의 25%에서 40%로 여성할당을 높였고, 좌파연합당은 어떠한 성이라도 60%를 넘을 수 없고 40%보다 낮을 수 없는 동수제를 채택했다. 그와 함께 성평등은 우선순위를 가진 중요한 문제가 되었으며, 2007년에 사회주의노동당은 남녀동수제가 포함된 「평등법」

정식명칭: 「여성과 남성의 실질적 평등에 관한 기본법Ley Orgánica 3/2007, de 22 de marzo, para la igualdad efectiva de mujeres y hombres」을 통과시켰다. 좌파연합당 2012년, 사회주의노동당2013년 또한 선거명부 작성시 교호순번제를 채택했다. 그 결과 2015년 선거에서 당내 여성 하원의원의 비율은 좌파연합당 47.9%, 사회주의노동당 43.5%가 되었다.

남녀동수법의 도입 스페인의 남녀동수에 대한 논쟁은 '진정한 민주주의'에 초점이 맞추어졌다. 진정한 민주주의는 인구의 절반을 차지하는 여성이 공정한 비율로 대표되어야 하며, 이러한 남녀동수는 정책결정에 있어서 긍정적인 결과를 가져올 것으로 보았다.

2001년에 사회주의노동당은 모든 정당들에게 정당명부 구성에 있어 한 성이 60%를 넘을 수 없다는 선거법 개정안을 제출했으나, 위헌적 요소가 있다는 반대의견으로 통과되지 못했다. 이후 2004년 총선에서 자파테로José Luis Rodríguez Zapatero[73]가 이끄는 사회주의노동당이 승리하면서 다시 제출된 「선거법」안La Ley de Igualad, Ley Organica은 2007년에 통과되었다. 이 법은 할당 관련 조건을 충족시키지 못하는 정당의 명부를 선거관리위원회가 무효화시킬 수 있도록 규정하였다.

여성이 사회의 절반이라면, 권력의 절반도 여성에게 정치영역에서 남녀동수를 법제화한 국가는 많지만, 내각을 남녀동수로 구성하도록 법으로 명시한 나라는 스페인이 처음이다.

2023년 3월 4일에 페드로 산체스 총리는 유럽에서 처음으로 내각에 성 평등 할당제를 법적으로 의무화하는 '동등 대표성 법안'Equal Representation Law을 발표했다. 총리는 "여성이 사회의 절반이라면 정치 권력의 절반, 경제 권력의 절반도 여성에게 속해야 한다"고 강조했다.[74]

이후 2024년 8월에 스페인은 「남녀 평등한 대표성에 관한 법」Organic Law 2/2024, of August 1, on equal representation and balanced presence of women and men, 일명 성평등법 Parity Law을 도입했다.[75] 이 법은 유럽연합EU이 발표한 이른바 '의사결정직 성별 균형 개선을 위한 지침'[76]을 국내법으로 도입하여 이행하기 위해 마련한 것으로, 정치를 넘어 경제분야에서 만연한 성 불평등 문제를 제도적으로 해결하는 것을 목적으로 한다.

이 법에 따르면, 공공분야 및 민간분야에서도 특정 성별의 비율이 60%를 초과하거나 다른 성별의 비율이 40% 이하로 떨어져서는 안된다. 또한 앞으로 모든 공직선거에서 각 정당은 후보자 명부에 남성과 여성을 번갈아 지명하는 지퍼형 명부zipper list 방식을 적용해야 한다.[77] 이러한 남녀 동등 대표성의 정신은 내각 구성 및 사회·경제 전 영역으로 확대되고 있다.

캐나다, 동수내각의 물결을 만들다

캐나다다운 내각, 트뤼도 총리의 남녀동수 2015년 10월에 치러진 캐나다 연방선거는 10여년 간 캐나다를 통치해온 스티븐 하퍼Stephen Joseph Harper의 보수당 정부와 43세의 젊은 정치인 쥐스탱 트뤼도Justin Trudeau를 필두로 한 자유당의 대결이었다. 이 과정에서 트뤼도 후보는 선거를 앞두고 트위터에 "나는 페미니스트다. 나는 페미니스트임이 자랑스럽다"라고 주장하면서 단숨에 모두의 관심을 사로잡았다.[78]

트뤼도는 선거에서 승리한 후 장관직에 여성 15명과 남성 15명, 즉 남녀동수로 구성된 제1기 내각을 출범시켜 자신의 선거공약을 지키면서 다시 한번 세계의 주목을 받았다. 그는 자신의 내각을 "캐나다다운 내각a cabinet that looks like Canada"이라고 불렀다.[79] 트뤼도 제1기 동수내각은 대부분은 50세 미만으로, 캐나다의 남녀 수적 비율과 인종적 다양성을 반영하고 있다.

2019년의 총선에서도 트뤼도의 자유당이 승리하면서, 트뤼도 제2기 내각은 제1기와 마찬가지로 남녀동수였다. 또한 2021년 11월에 구성된 트뤼도 정부의 제3기 내각 역시 남녀동수 비율을 유지했다.

내각에서의 남녀동수는 국가 차원에서 의원직이나 장관직에 대한 여성할당을 강제하는 법적 규정을 갖고 있기 때문이 아니라, 헌법에 규정된 '적극적 차별시정조치'에 근거하여 총리인 트뤼도의 자발적 의지에 의해 이루어진 것이다.

캐나다 상원, 남녀동수를 만들다 캐나다는 1988년에 여성의원 비율이 13.2%였으며, 2024년 현재 30.4%로, 10%대의 여성의원 비율이 30%대에 도달하는 데에 37년이 걸렸으며, 여성의원의 비율은 17.2% 증가했다.

캐나다 하원에서 여성의원 현황을 살펴보면, 여성의원의 비율은 지속적으로 증가하는 추세를 보인다 그림 2-4 참조. 2000년대에 그 비율은 20%대 초반을, 2010년대에는 20%대 후반을 기록했다. 지난 2021년의 연방의회 선거에서 하원 338개 의석 중 여성의원은 103개 의석 30.5%을 차지함으로써 30%대에 도달했다.

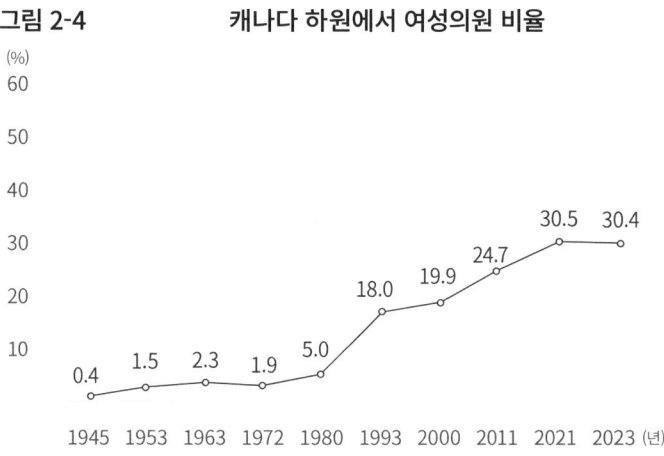

그림 2-4   캐나다 하원에서 여성의원 비율

상원에서는 하원보다 더 높은 여성의원 비율을 보여준다 그림2-5 참조. 2000년대에 이미 여성의원 비율은 30%대에 도달했으며, 2024년 현재 상원에서 여성의원 비율은 55.7%로 남성의원의 비율을 능가하고 있다.

그림 2-5 캐나다 상원에서 여성의원의 비율

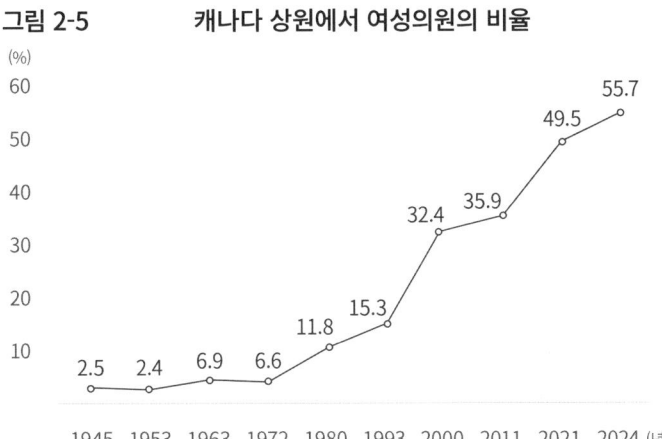

하원과 상원에서 여성의원 비율의 지속적인 상승은 캐나다에서 남녀동수의 법제화에 반대하는 주장에 힘을 실어주기도 한다. 남녀동수의 이행을 강제하는 법적 규정 없이도 여성의 정치적 대표성은 지속적으로 상승하기 때문에 굳이 선거법을 개정하여 남녀동수를 의무화할 필요가 없다는 주장이다. 특히 2015년에 트뤼도 총리의 동수내각이 구성된 이후에 동수원칙은 2019년과 2021년의 총선에서 트뤼도 총리가 속한 자유당의 묵시적 명령률처럼 되었다. 그러나 법적 강제조항의 존재는 남녀동수를 안정적으로 실천할 수 있는 안전편이다. 캐나다인의 44%는 연방정부의 내각에서는 남녀평등이 이루어졌을 수 있으나, 여러 방면에서 다각도로 남녀평등을 이루기 위해서 정부가 더욱 많은 노력을 해야 한다고 생각한다.[80]

적극적 차별시정조치를 헌법에 명시   여러 다양한 이유로 차별받고 있는 개인이나 집단에 대해 적극적 조치를 실시할 수 있는 규정을 명문화하고 있다는 점이 캐나다 헌법의 특징이다.

캐나다 헌법은 하나의 성문헌법으로 존재하는 것이 아니라, 여러 법률과 관습헌법 등으로 구성되어 있다. 그 중심에는 1867년 영국에 의해 제정된 「영령북미법」1867년 헌법과 1982년에 캐나다의 요청에 의해 영국이 제정한 1982년 헌법이 있다. 1982년 헌법 제1장은 '캐나다 권리·자유헌장'Canadian Charter of Rights and Freedom으로, 이 중 제15조는 평등권을 규정하고 있다. 제28조에서는 "헌장의 어떠한 규정에도 불구하고 본 헌장에 열거된 제반 권리 및 자유는 남성과 여성에게 동등하게 보장"된다고 규정함으로써, 헌법적 차원에서 여성과 남성의 평등한 권리를 확고히 하고 있다.

> **캐나다 헌법**
>
> 제15조 제1항 (법 앞에서의 평등 및 법률에 따른 평등 그리고 법률의 동등한 보호와 혜택)
>
> 모든 개인은 법 앞에서 평등하고, 특히 인종, 국적, 민족, 피부색, 종교, 성별, 연령, 정신적 또는 신체적 장애 등을 이유로 한 차별을 받지 않고 법률상 동등한 혜택을 누릴 권리를 갖는다.
>
> 제2항 (적극적 차별시정조치 프로그램)
>
> 앞의 제1항은 인종, 국적, 민족, 피부색, 종교, 성별, 연령, 정신적 또는 신체적 장애를 이유로 불이익을 당하는 자들을 포함하여 불이익을 받은 개인 내지 집단의 여건을 개선하는 데 목적을 둔 법률, 프로그램 내지 활동을 배제하지 않는다.

미국, 적극적 차별시정조치의 나라

적극적 차별시정조치가 시련을 겪다 1995년 베이징에서 개최된 제4차 세계여성대회에서 여성의 정치참여 확대가 대회 의제에 포함된 이후, 여성할당제가 세계적으로 크게 확산되었다. 이들 국가들은 법에 여성 할당을 규정하여 모든 정당이 이를 따르도록 강제하는 ① 법적 할당제나 ② 할당에 대한 법적 규정은 없지만, 정당이 자발적으로 후보 공천에서 일정 비율을 여성에게 할당하는 정당할당제, 또는 ③ 일정 비율의 의석을 여성에게 할당하는 의석유보제 내지 의석할당제를 실시하고 있다.

미국은 여성할당제 중 위의 어떤 방식도 채택하고 있지 않지만, 세계에서 처음으로 '적극적 차별시정조치'Affirmative Action를 실시했다. '적극적 차별시정조치'는 역사적으로 차별을 받아온 집단이나 사회의 약자 집단을 우대 및 지원해주는 여러 정책적 조치들을 포함한다. 이는 미국의 1964년 「민권법」Civil Rights Act에 기반하고 있다.[81] 그러나 당시 「민권법」에는 인종, 피부색, 종교, 출신 국가에 근거해 차별하거나 분리하는 것을 언급할 뿐, 차별의 근거로서 성별은 들어있지 않았다. 1967년에 와서야 비로소 존슨 대통령이 행정명령에 차별금지 사유로 성별을 추가했다.

여성에 대한 적극적 차별시정조치는 남녀 불평등을 조정하기 위한 평등촉진정책이며, 실질적 평등을 구현하려는 전략을 의미한다.[82]

그러나 적극적 차별시정조치가 적용되는 분야는 주로 교육, 입학, 고용 즉 채용과 승진 등의 영역으로, 정치영역은 관심의 대상이 아니었다. 시간의 흐름 속에서 적극적 차별시정조치는 역차별의 문제를 일으키면서 점차 폐지되는 추세에 있다.

 미국에서 적극적 차별시정조치는 헌법의 하위체계인 법과 대통령의 행정명령에 기반하고 있다는 점에서 적극적 차별시정조치를 헌법에 확고히 명시하고 있는 캐나다와는 커다란 차이가 있다. 그로 인해 미국에서 적극적 차별시정조치는 여러 번 위헌소송을 겪었고, 주 대법원과 연방대법원에서 합헌 판정을 받기도 하고, 위헌 판정을 받기도 하는 등 풍랑을 겪었다.[83]

남녀동수 없는 미국 정치 미국의 정치영역에서는 여성할당제도 또는 적극적 차별시정조치도 시행되고 있지 않기 때문에 여성의원의 비율은 자발적 정당할당제를 실시하는 유럽 국가들에 비해 낮은 편이다. 2020년대에 유럽 국가의 대부분은 의회에서 30% 이상의 여성의원 비율을 기록하고 있는 반면에, 미국의 경우 상·하원에서 여성의원 비율이 지속적인 상승세를 보이고 있지만, 지금까지도 30%를 넘어선 적이 없다_{그림 2-6, 그림 2-7 참조}. 미국은 1992년에 10.9%로 여성의원 비율이 처음 두 자릿수가 된 이래 2024년 현재 29.2%로, 33년간 겨우 18.3% 증가했다.

그림 2-6 　　　미국 하원에서 여성의원의 비율

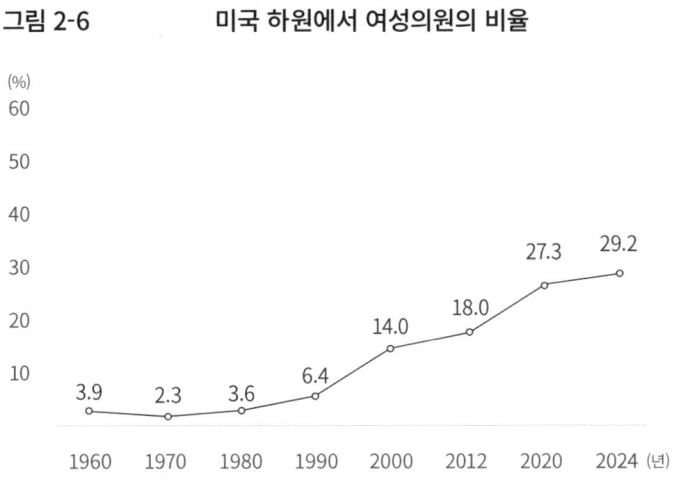

그림 2-7 　　　미국 상원에서 여성의원의 비율

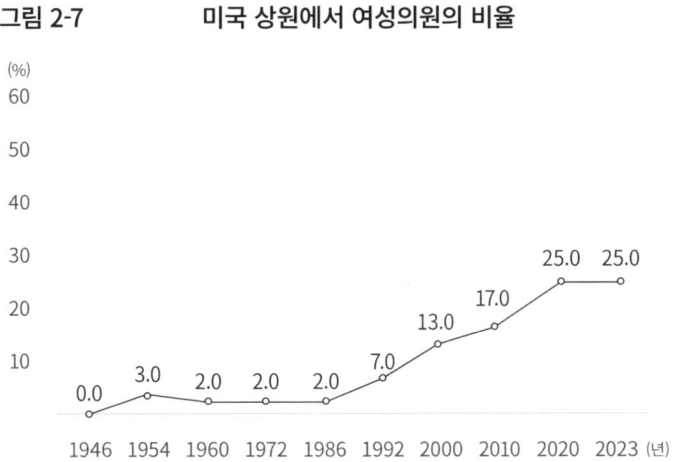

동수내각에 근접한 미국 행정부　　미국 행정부에서 여성장관의 비율이 획기적으로 증가한 것은 클린턴 대통령 재임시기이다^{그림 2-8 참조}. 레이건과 부시^{아버지} 대통령 재임시절에 17.6%에 불과했던 여성장관

남녀동수, 프랑스에서 일본까지　81

비율이 클린턴 대통령 제1기 재임시절1993-1997에는 31.8% 그리고 제2기1997-2001에는 40.9%를 기록했다.[84]

오바마 행정부에서 그 비율은 재임 제1기2009-2013에는 30.4%, 제2기2013-2017에는 34.8%로 다시금 상승했다. 바이든 행정부2021-2025에서는 미국 역사상 가장 높은 여성장관 비율48.0%을 보이고 있으며, 거의 동수에 근접하고 있다.

행정부에서 여성장관의 비율은 전반적으로 여성의원의 비율보다 높은 경향을 보인다. 의원직이나 장관직에 대한 남녀동수가 존재하지 않는 상황에서 얼마나 많은 수의 여성장관을 임명할 것인가는 행정부의 최고책임자인 대통령의 의지에 달려있다. <그림 2-8>은 진보적 성향의 민주당 출신 대통령들이 보수적인 공화당 출신 대통령들에 비해 여성장관을 훨씬 더 많이 임명하고 있음을 보여준다.

그림 2-8   미국 행정부에서 여성장관 비율

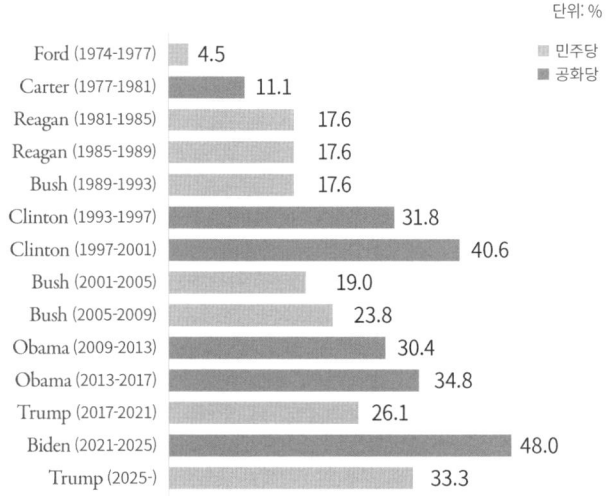

일본, 절반의 성공

남성이 장악한 정치 　일본은 '정치는 남성의 일'이란 고정관념 하에 온전히 남성의 영역으로 치부되어 여성의 정치적 대표성은 매우 낮다.[85] 의회 내에서의 여성의원의 숫자가 적을수록 여성의 목소리는 실제 정책에 반영되기 어렵다.

국제의회연맹 자료에 의하면, 일본은 2024년 9월 기준 중의원^{하원} 464명 중 여성은 50명^{10.8%}에 불과하다^{그림 2-9 참조}. 이는 전 세계 193개국 중 163위로 우리나라 121위^{20.0%}에 비해서도 낮다.

그림 2-9　　일본 중의원(하원)에서 여성의원 비율

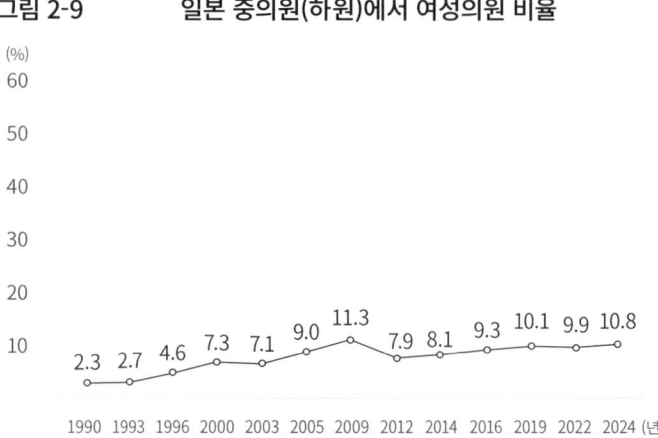

일본에서 여성의원 비율은 1946년에 8.4%였던 이래 1990년대까지 5%를 넘지 못했으며, 현재까지 10% 전후에 머물러 있다. 참의원^{상원}에서

의 여성의원 비율은 중의원보다 나은 형편인데, 2024년에는 26.6%이다.[86]

남녀동등 참여를 위한 정치분야균등법   일본은 남녀의 전통적인 역할분담에 의문이 제기되면서 21세기 일본 사회를 결정하는 가장 중요한 과제를 '남녀공동참여사회'의 형성으로 보았다. 여성차별철폐협약에 따라 우리나라에서 1995년 여성발전기본법을 마련한 것처럼, 일본에서도 1999년에 「남녀공동참여사회기본법」을 제정했다.[87] 이 법은 남녀공동사회 형성을 위해 '적극적 개선조치'를 포함하고 있으나,[88] 정치분야에서 여성의 비율은 여전히 낮았다.

　　2017년 중의원 선거에서 여성 당선자는 10.1%^{475석 중 47석}로 역대 최다를 기록하였다. 그러나 제국헌법 하에서 처음으로 참정권이 도입된 1946년 중의원 선거에서 여성의원이 8.4%^{466명 중 39명} 당선된 것과 비교하면 72년 간 차이가 없었다.

　　이러한 여성의 낮은 대표성을 타개하고자 정치분야에서 기본법으로, 2018년 5월 23일에 「정치분야에서의 남녀공동참여 추진에 관한 법률」政治分野における男女共同参画の推進に関する法律, 일명 '정치분야균등법'을 제정했다. 이 법은 일본의 현실을 고려해 정당이 공직선거에서 후보자를 공천할 때 가능한 남녀 후보자의 수를 동등하게 맞출 것을 권고하는 수준에 머물렀다.[89] 정치분야균등법은 여성의 대표성 확대를 위한 일본 최초의 법률이다.[90] 이 법은 일본의 보수적인 정치계에 정치분야의 남녀평등실현이라는 과제를 던졌으나, 법적 강제력을 가지지 않는다. 이 법에 따라 일본 정부는 지방선거에서 여성 비율을 2025년까지 35%로 끌어올린다고 구체적인 목표를 설정했지만, 법 시행 후의 첫 참

의원 통상선거2019년에서 참의원의 여성 비율은 2% 증가한 것으로 나타났다.

정치분야균등법은 2021년 6월에 개정되었다. 국가 및 지방 공공단체는 기본원칙에 따라 정당 및 기타 정치단체의 정치 활동의 자유 및 선거의 공정을 확보하면서, 정치분야에서의 남녀공동 참가의 추진에 필요한 시책을 실시하는 '책무'를 주고 있다.

남녀동수로 가는 신호탄   법 개정 이후 시행된 중의원 선거2024년 10월에서 314명의 여성후보자가 의원직에 도전했다. 이는 전체 후보자 1,344명 중에서 23.4%로서 지금까지 중의원 선거 역사상 여성의 최다 입후보율이다. 또한, 여성후보 314명 중 당선자는 73명으로 전체 당선자의 15.7%를 차지한다.[91] 해당 선거는 법률이 통과된 뒤 약 4개월 뒤 실시된 것으로, 각 정당들이 법률의 권고사항을 수용·반영하기에는 짧은 기간이었음에도, 일본 중의원 역사상 최다의 여성의원 수이다.[92] 여성 입후보율과 당선율에서 역대 최고의 결과를 보여주었다. 이는 남녀동등 참여를 지향하는 정치분야균등법이 비록 남녀동수를 법적으로 강제하고 있지는 않을지라도, 여성의원의 확대에 큰 영향을 주었을 것이다.

우리나라는 여성의 정치참여를 높이기 위해 비례대표 후보자의 50%를 여성에게 공천하도록 의무화하고 있으나, 일본은 남녀공동참여가 노력의무에 그쳐 한계가 있다. 그러나 정치분야균등법은 남녀 후보를 균등하게 하는 높은 목표를 지향하고, 일본의 법을 이행하는 정서로 보아 강제규정 없이도 남녀동수 시대에 가까울 것으로 보인다.

3

남녀동수,
대한민국 현주소

한국 여성정치, 121위에 머물다

1948년 5월, 제1대 대한민국 국회는 남성의원만으로 출발하였다. 다음 해 1월 보궐선거를 통해 한 명의 여성의원이 당선되었지만,[93] 오랫동안 여성의원은 한 자릿수에 머물러 있었다. 그러나 제16대 국회에서 정당법에 비례대표 여성할당 30%를 도입함으로써 여성의원은 16명 5.9%으로 증가되었다. 2004년에는 할당비율을 50%로 확대하도록 공직선거법과 정당법을 개정하였다. 그 결과로 제17대 39명 13%까지 증가할 수 있었고, 2005년에는 비례대표 여성후보에게 홀수 번호를 부여하는 남녀교호순번제가 도입되어 여성의원 비율은 꾸준히 증가하였다.

2024년 제22대 총선 결과는 300명의 국회의원 중 60명이 여성의원이다. 이는 국제의회연맹[IPU]에서 발표한 190개 국가 중 121위로, 1948년 시작된 대한민국 국회가 77년이 지난 지금도 여성 국회의원은 20%에 불과하다. 이는 '남녀동수'가 기준값이 되어야 할 오늘날, 우리만 고장난 시계를 마주한 듯하다.

그림 3-1　　　　　여성 국회의원 증가 현황

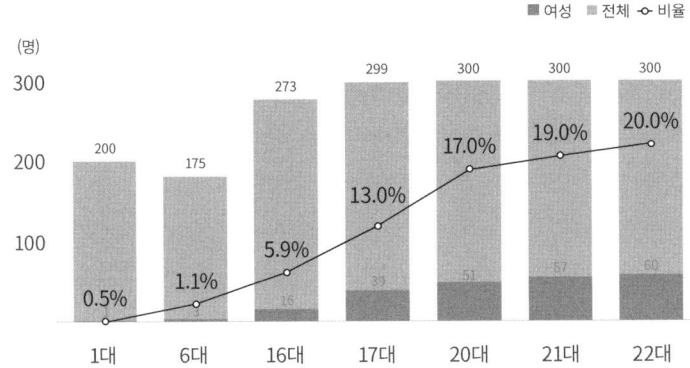

지방의회의 경우에도 지난 제8회 전국동시지방선거에서 여성의원 비율은 광역의회 19.8%, 기초의회 33.4%이다.

기초의회가 임계치를 넘긴 데에는 기초의회에도 정당공천제 및 비례대표제가 도입되었고, 제5회 전국동시지방선거를 앞두고는 지역구 여성의무공천제가 마련되었기 때문이다. 이러한 제도에 힘입어 <그림 3-2>에서 보듯이, 여성의원의 숫자는 증가세를 보이고 있다. 반면 광역의회는 기초의회와 같은 제도에 불구하고 매우 더딘 증가세를 보여주고 있다.

지방자치단체장의 경우 17개 광역단체장 중 여성은 단 한 명도 없었고, 227개 기초단체장도 지난 제8회 전국동시지방선거 결과 여성은 7명에 불과하다.

그림 3-2   역대 전국동시지방선거 여성 현황

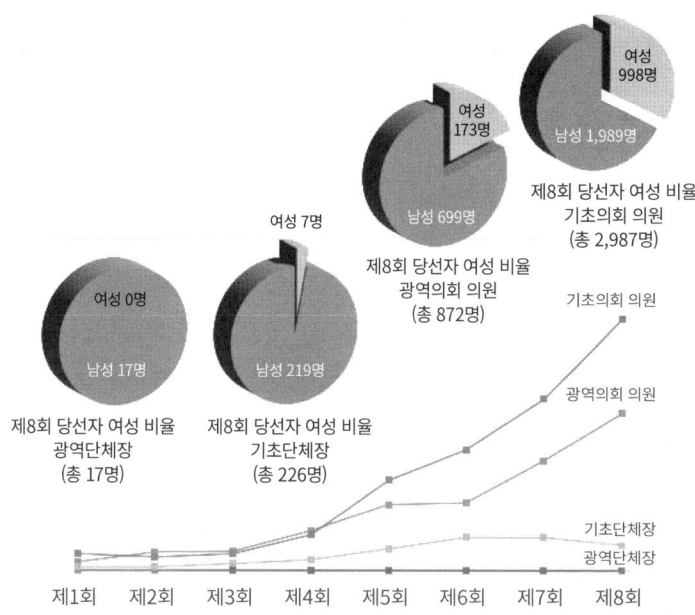

비례대표에서 지역구로

여성정치를 살린 비례대표제

국회와 지방의회에서 여성정치 참여의 가시적 증가를 만들어낸 것은 비례대표 여성할당제이다. 국회의원의 경우, 2004년 제17대 총선을 앞두고 1인 2표 정당명부식 비례대표제와 함께 비례대표에 50% 여성할당제가 도입되었다. 제17대 총선부터 비례대표의 여성의원 비율이 51.8%를 차지하고, <그림 3-3>에서 보듯이 그래프에서 보듯이 계속 50%를 유지하고 있다.

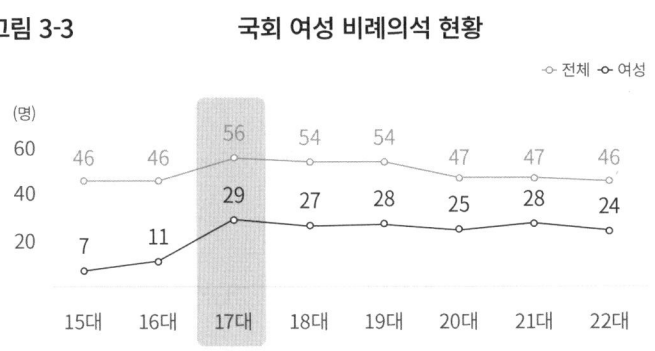

그림 3-3 국회 여성 비례의석 현황

광역의원은 제3회 전국동시지방선거에서 비례대표 의석 중 여성의원 비율이 67.1%를 넘어섰고, 계속 60% 이상을 유지함으로써 남녀동수가 되고 있다.

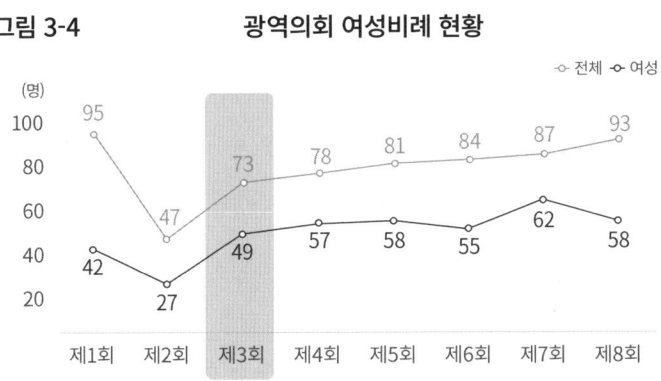

그림 3-4 광역의회 여성비례 현황

기초의원 역시, 2018년 제7회 전국동시지방선거에서 여성이 비례의석의 97.1%를 차지했다. 227개의 시·군·구 기초의회는 각 의회별로 비례의석이 전체 7석에서 많게는 26석이고, 이 중 10%인 1석 내지 3석이 비례의석이다. 이로 인해 주요 정당은 비례대표 1번을 여성으로 공천함으로써, 여성이 당선될 수밖에 없었다.

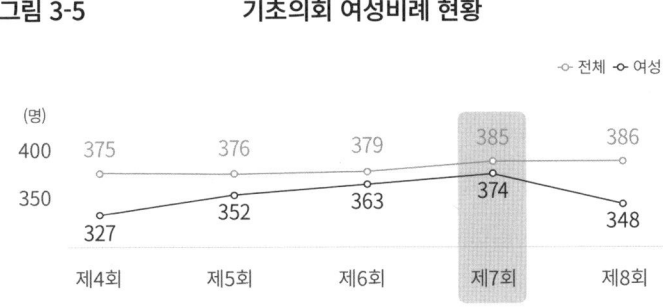

그림 3-5 기초의회 여성비례 현황

비례대표가 모두 여성이라도

역대 선거 결과를 보면 여성이 정치참여에 괄목할 만한 성과를 보인 것은 비례대표 남녀동수제를 도입하였기 때문이다. 이 제도가 도입된 전후의 각 의회별 변화를 보면, 국회 여성의원은 5.9%에서 13.0%로 두 배 이상 증가하였다. 광역의회 여성의원은 6.2%에서 9.2%로 1.5배 증가하였고, 기초의회 여성의원은 2.2%에서 7배가 넘는 15.1%까지 증가하였다.

그림 3-6   의회별 비례대표 남녀동수 도입 전후 비교

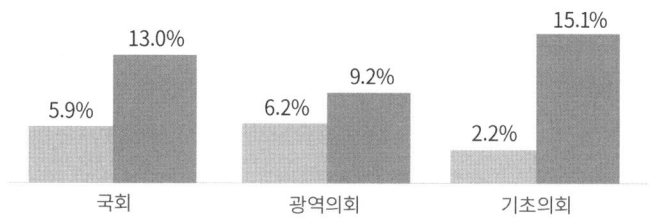

그러나 의석수를 보면, 비례대표만으로는 여성정치참여 확대에 한계가 있다. 제22대 국회에서 비례대표 46석[15.3%] 중 24석[51.2%]이 여성이지만, 전체 의석 300석의 8%에 불과하다. 지방의회의 비례대표 의석은 전체 의석 중 10%에 불과하다. 지역구에 여성의원 확대를 위한 특단의 조치를 취하지 않는 한 현행 비례제도만으로 남녀동수 실현에 한계가 있다.

남녀동수 비례대표제가 되기까지

국회의원과 지방의회의원의 비례대표 공천에 '남녀동수'가 정착하기까지 많은 변화를 거쳤다. 처음부터 '남녀동수'로 설계된 것은 아니고, 사회적 약자의 배려 차원에서 한시적 조치인 할당제로 출발하였다. 30% 여성할당제로 시작하여 수차례 개정을 거쳐 2018년 국회의원 등록무효 조치가 마련되면서, 현재의 비례대표 남녀동수제로 정착되었다.

이러한 제도의 변화를 보면, 2000년 정당법 개정을 통해 국회와 광역의회 비례대표 공천에 여성할당제를 도입한 데에서 시작되었다. 개정된 정당법 제31조 제4항은 "정당은 비례대표 선거구 국회의원 선거후보자와 비례대표 선거구 시·도의회의원 선거후보자 중 100분의 30 이상을 여성으로 추천하여야 한다"라고 규정했다. 그러나 정당은 여성할당제에 강제성이 없어 준수하지 않았다. 이로 인해 2000년 제16대 총선에서는 비례대표 중 여성의원 비율은 23.9%에 그쳤다.

둘째, 2002년 제3회 전국동시지방선거를 앞두고 1인 2표 정당명부식 비례대표제로 전환하고, 정당법과 공직선거법을 개정하여 비례대표 여성할당 50%로 확대하였다. 광역의회에서 먼저 50% 이상을 여성으로 공천토록 하고, 위반시 후보자 등록무효를 규정하였다. 이로써 비례대표에서 남녀동수제가 처음으로 도입된 것이라 할 수 있다.

셋째, 2004년에는 국회의원선거에도 비례대표 여성 50% 이상을 공천하도록 정하였다. 그러나 정당이 후순위에 여성을 공천함으로써 당선율은 저조하였다.

넷째, 이러한 정당의 꼼수를 피하기 위해 2005년 「공직선거법」개정을 통해 남녀교호순번제를 국회와 기초의회 비례대표 공천에도 도입하였다.

다섯째, 2006년에는 지방의회에서 먼저 남녀교호순번제 위반 시 선거관리위원회에 후보자 등록을 할 수 없도록 하는 '후보자 등록 불수리제', 즉 '후보자 등록무효제'가 도입되었다.

여섯째, 2018년에 국회까지 등록무효 조항이 확대되었다.

결국 비례대표는 2002년 광역의회부터 여성할당 30%로 시작하여 수 차례의 개정을 거쳐 2018년 국회에도 후보자 등록무효제가 규정되면서, 현재의 비례대표 남녀동수제로 완성된 것이다.

표 3-1   비례대표제도의 변화 과정

시행일	주요 내용		관련법
	국회의원	지방의회의원	
2000.2.16	· 100분의 30 이상 (16대 국회)	· 100분의 30 이상 (광역)	정당법 31조 4항
2002.3.7	-	· 100분의 50 이상 (광역) · 2인마다 여성 1인 (광역) · 등록무효 (광역)	정당법 31조 4항, 5항
2004.3.12	· 100분의 50 이상 (17대 국회)	-	정당법 31조 4항
2005.8.4	· 여성 홀수 순번(18대 국회)	· 여성홀수 순번 · 기초비례 50% 도입	공직선거법 47조 3항 / 52조 1항 각 2호
2006.10.4	-	· 등록무효 (광역+기초)	공직선거법 52조 1항 각 2호
2018.4.6	· 등록 무효	-	공직선거법 52조 1항 각 2호

정당이 외면한 지역구 할당제

1949년 최초의 여성 국회의원인 임영신 의원이 국회에 입성한 지 75년이 지났으나, 2024년 제22대 국회에서도 남성이 80%[240석]로 다수를 차지하고 있다. 이처럼 국회의 여성의원 비율이 낮은 이유는 지역구 여성할당제가 유명무실하여, 85%를 차지하는 지역구에 여성을 공천하지 않기 때문이다.

지역구 여성할당제는 2002년 제3회 전국동시지방선거에서 처음으로 30% 정당공천을 권고하는 제도가 마련되었고, 2004년에 국회의원까지 확대되었다. 그러나 매 선거마다 여성공천 30%를 지키는 정당이 거의 없었다.

정당이 이를 지키지 않는 것은 권고규정으로 정당의 자율에 맡겨져 있기 때문이다. 그동안 지역구에 여성할당제의 의무규정으로 변경하는 법안 발의는 많았으나, '헌법에 근거가 없어 위헌이다', '헌법상 유권자의 선택권을 침해한다', '능력있는 여성이 부족하다', '여성은 당선이 어렵다' 등을 이유로 정당은 여성공천에 소극적이었다.

그림 3-7   국회의원선거 지역구 여성후보자 현황 (15대~22대)

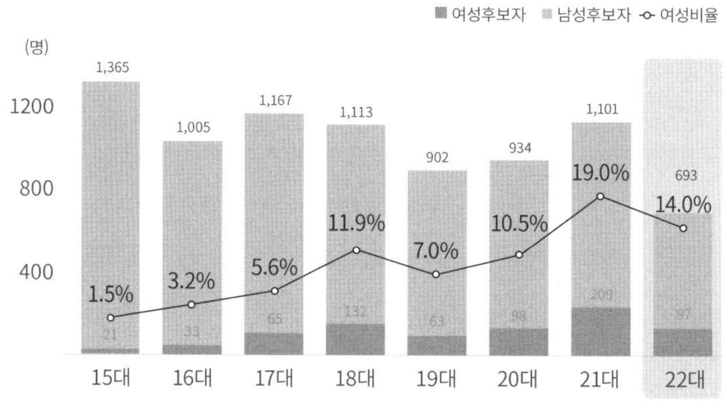

대수	총 후보자	여성후보자	여성비율
15대	1,365	21	1.5%
16대	1,005	33	3.2%
17대	1,167	65	5.6%
18대	1,113	132	11.9%
19대	902	63	7.0%
20대	934	98	10.5%
21대	1,101	209	19.0%
22대	693	97	14.0%

또한 권고조항인 지역구 여성할당제를 실행하기 위해 인센티브 방식의 여성추천보조금제도를 두고 있으나, 거의 이행되지 않고 있다. 그동안 지방의회의 경우, 더불어민주당이 지역구에 30% 여성공천으로

여성추천보조금을 전액 받았지만, 소액에 불과하여 효과를 얻지 못하였다. 제21대 총선에서 국가혁명배당금당이 악용한 사례가 발생하면서 여성추천보조금 배분기준을 개정하였다.[94]

이처럼 비례대표제도와는 달리, 지역구 30% 여성할당제는 권고규정에 불과하여 할당제 무용론이 제기되고 있다.

의무공천제가 만든 지방의원 33.4%

여성할당제가 효과를 발휘하기 위해서는 반드시 강제적 조치가 동반되어야 한다. 2010년 지방의회 지역구 30% 여성할당제 권고조항을 보완하여, '국회의원 선거구별 여성 1명 이상을 반드시 추천'하도록 「공직선거법」 제47조 제5항과 제52조를 개정하였다. 즉, 국회의원 선거구마다 시도 및 시군구 의회 여성 1명 이상을 공천하도록 하고 이를 위반하는 경우 '후보자명부 등록 무효'라는 강력한 제도가 마련된 것이다.

여성공천의무제에 힘입어 2010년 제5회 전국동시지방선거부터 실질적 효과를 발휘하고 있다. 기초의회의 경우, 제4회 선거에서 4.4%에 불과했으나, 제5회 선거부터는 10.9%로 증가하기 시작하였다. 이후 제6회 선거에서는 14.6%, 제7회 선거에는 20.7%, 제8회 선거에선 25%까지 괄목할만한 상승세를 보였다.

결국 2022년 제8회 전국동시지방선거 결과, 비례대표와 지역구 전체 여성 비율이 33.4%까지 증가했다. 이같이 남녀동수의회의 실현을 위해서는 적극적 조치로 지역구 여성할당제에도 강제조항이 동반되어야 한다.

여성, 남녀동수에서 길을 찾다

여성이 제안한 남녀동수선출제

'남녀동수선출제'는 2002년 지방선거 당시 발표한 '여성이 행복한 생활자치 10대 과제' 공약 중 기초의회 선거구를 조정하는 것에서 보여진다. 여기에서 처음으로 '남녀동수'라는 용어가 등장한다.

여성계의 활동을 살펴보면, 2000년대 초반 한국여성단체협의회가 프랑스 남녀동수법에 관한 보고서를 발간하였다. 2004년에 한국여성유권자연맹은 "남녀동수 실현을 위한 출정식"과 "남녀동수공천추진위원회"를 구성하여 활동에 들어갔다. 또한 "2006 지방선거 남녀동수 실현을 위한 제도개선 제안서"에서는 광역의회 비례대표직을 늘리고 선출직 30% 여성공천 할당 의무화, 기초의회 남녀 각각 1인을 선출하는 '남녀동수선출제'를 제안하였다.[95]

한편, 제도적 측면에서 최초의 '남녀동수'라고 할 수 있는 비례대표 50% 여성할당제도 2002년에 만들어졌다. 이 제도는 광역의회 비례대표 50%를 여성으로 공천하도록 하였다. 이후 2004년 총선을 앞두고, 국회의원 비례대표제에도 남녀동수 공천이 도입되었다. 비록 적은

수의 비례의석이었고 당시에는 '남녀동수제'가 아닌 '비례의석 50% 여성할당'으로 명명되었지만, 이는 제도화된 '남녀동수'가 우리에게도 존재했음을 보여준다.

지역구 여성할당제 30% 의무

2009년 말 '지방의회 50% 여성 참여'를 목표로 한국여성단체협의회, 한국여성단체연합, 여성정치세력민주연대, 한국여성유권자연맹, 한국여성정치연구소 등 11개 단체가 '2010 지방선거 남녀동수 범여성연대'이하 '범여성연대'를 구성했다.

이렇게 조직된 범여성연대는 국회 정치개혁특별위원회에서 여성의제가 제대로 다뤄지지 않자, 여성의 정치참여 확대 대안을 논의할 자리를 따로 마련하였다. 여기에는 각 정당 여성위원회와 전문가들이 참여했다. 범여성연대는 국회의원 지역구 30% 공천 권고조항과 별도로 지방의회의 경우 1명 이상의 여성의무공천제를 마련하고 위반 시에는 중앙선거관리위원회 후보자 등록무효로 하는 조항을 도입하자고 주장하였다. 이와 관련된 적극적인 문제제기 끝에 「공직선거법」 개정을 통해서 이를 관철시켰다.[96] 그러나 "위반 시 후보자 등록을 무효화"하는 강제조항이 법제사법위원회 심의 과정에서 삭제되는 아쉬움을 남겼다.

범여성연대는 '강제조항의 삭제는 사실상 효과성을 기대하기 어렵다'고 판단하여, '지역구 공천 30% 의무'를 관철하기 위해 국회

정치개혁특별위원회 위원 및 각 당 대표를 만나 통과시켜줄 것을 요구했다.

> **범여성연대의 요구안**
> - 정개특위는 활동시한이 연장되는 즉시 법사위 논의과정에서 제외된 제52조 2항의 이행담보조치를 반드시 되살려 공직선거법에 명문화하라.
> - 각 정당은 당헌·당규를 통해 선출직 30% 여성할당을 이행하기 위한 자체적 강제규정을 마련하라.

한편 범여성연대와 각 정당 중앙 여성위원회 한나라당, 민주당, 자유선진당, 민주노동당는 국회 본청 앞에서 기자회견을 열고 "기초단체장 여성후보 20% 전략공천, 선출직 30% 여성할당 실시"를 촉구하기도 하였다.[97]

2010년 3월 이러한 요구에 힘입어 재논의가 이루어져 강제이행 조치가 포함된 「공직선거법」이 개정되었다. 2010년 6월 제5회 전국동시지방선거 결과, 기초의회의 지역구에 여성후보를 제4회의 13.6%에 비해 19.2%까지 증가시키는 성과를 거두었다.

이와 같이 2010년 지방선거를 앞두고 여성 정치참여 제도개선 논의는 국제적 흐름에 발맞춰 할당제를 넘어 남녀동수를 전면에 내세웠다. 그러나 할당제와 남녀동수의 이론적 배경과 의미가 다름에도 불구하고, 우리나라 현실에서 "남녀동수 실현을 위한 지역구 할당제 30% 의무"로 접근하였다.

동수정치로 패러다임 전환

제19대 총선을 앞두고 여성계 활동이 다시 나타났다. 각계 여성 지도자들의 모임인 '마중물여성연대'^{공동대표 이춘호·김애실·박경아}는 2011년 9월 29일 국회에서 여성의 정치참여 확대를 위한 포럼을 개최하였다.

여성신문과 한국여성정책연구원의 공동주최로 '남녀동수 19대 국회 만들기' 토론회를 개최하고, 여성단체 대표들과 회원들은 '남녀동수 19대 국회 대비 여성행동'을 긴급 구성했다. 그러나 제도 변화로 이어지거나 공천에 영향을 미칠 정도의 관심을 끌기 어려웠다. 또한 총선에서 성과를 보이지 못하자, 여성정치 확대를 위한 전략에도 새로운 전환점이 필요하게 되었다.

2014년 한국여성정치연구소는 남녀동수의 공감대 형성을 위하여 여성단체 활동가와 여성학자, 여성정치인 등 20여 명으로 구성한 '동수정치연구회'를 설립하였다. 동수정치연구회는 프랑스 남녀동수의 이론적 배경인 생물학적 종의 이원성을 채택하는 전략에 무게를 두고, 남녀동수 실현을 뒷받침하기 위한 법제도개혁 토론회를 지원하고 있다.

> **동수정치연구회 창립 선언문 발췌**
> 여성할당제는 과거의 차별적 대우에 대한 보상으로 미래에 실질적인 성평등을 실현하기 위한 적극적 조치 ...중략... 여성의 대표성이 세계 최하위권을 맴돌고 있음에도 여성할당제의 실

> 효성을 높이기 위한 강제이행조치에 대해서는 남성에 대한 역차별이라고 반발하고 있다. ...중략... 성평등은 여성적 가치가 아닌 보편적 가치로서 남녀노소 모두가 추구하고 실천하도록 하는 새로운 운동이 필요하다. ...중략... 인간 종의 이원성에 근거한 남녀동수로의 패러다임의 전환이 필요하다.
>
> 2014년 3월 동수정치연구회 창립 선언문 중

여성 지도자 100인 선언

제20대 총선을 앞두고 '남녀동수'는 대중적 공론의 장으로 등장하였다. 2015년 한국여성단체협의회는 3·8 세계 여성의 날 기념식의 슬로건을 '양성평등, 남녀동수'로 정하였고, 30% 여성공천 법제화를 위한 1만 명 서명운동을 시작했다. 한국여성단체연합은 총선 태스크포스를 출범시켜 여성 정치참여 확대 방안을 모색하였고, 한국여성정치연구소는 '남녀동수 릴레이 토론회'를 개최하기도 하였다. 이어 여성계 중진이 참여한 '여해여성포럼'이김현숙 여성평화외교포럼 상임대표, 신필균 복지국가여성연대 대표, 이혜경 한국환경보건복지협회 회장, 이숙경 서울국제여성영화제 집행위원장 등 22명을 만들고, 이들은 국회 정치개혁특별위원회에 여성공천 의무화 안을 안건으로 상정하라는 요구를 하였다.

2015년 1월, 다시 뭉친 여성계는 '동수정치연대'를 출범하고, 포럼, 세미나, 간담회를 12차례나 열어 제도 개선안을 마련하였다. 8월에는 "남녀 국회의원 동수 시대로"라는 주제로 여성 지도자 100인 선언을 하였고, 이를 국회 정치개혁특별위원회와 각 정당에 3대 원칙 법제화를 요구하였다.

> **여성 지도자 100인 선언**
> 첫째, 공직선거법 개정을 통해 지역구 여성할당제 30% 의무화와 강제이행조치 마련
> 둘째, 비례대표 50% 여성 할당 규정의 실효성을 높이기 위해 강제장치 마련
> 셋째, 비례대표 의석 비율을 늘려 지역구와 비례대표 의석 비율을 2대1로 조정하는 것이다.

성차별 해소를 위한 개헌여성행동

2017년 제10차 헌법개정을 앞두고, 여성계는 국회 내 헌법개정특별위원회가 구성되고 개헌논의가 시작되자 적극적으로 논의에 참여하였다. 국회 헌법개정특별위원회 산하 자문위원회에 여성계 인사들이 참여하여 개헌안 마련에 의견을 개진하고, 헌법개정안에 남녀의 동등한 참여를 반드시 포함시켜야 함을 주장하였다.

2018년 들어 여성계는 '성평등'과 '양성평등'의 용어를 둘러싼 보수와 진보단체 간 이견이 있었으나, '성차별해소를 위한 개헌여성행동'이하 '개헌여성행동'으로 공동 대응하였다. 개헌여성행동은 "국가는 선출직·임명직의 공직 진출에서 여성과 남성의 동등한 참여를 보장한다"를 핵

심과제로 삼았다. 다만 남녀동수가 갖는 생물학적 이원성 강조로 소수자 배제에 대한 우려가 있었고, '성평등개헌'을 추진하던 한국여성단체연합은 여성계의 남녀동수 개헌에 대해서는 선별적으로 참여하였다.

그러나 개헌여성행동에는 한국여성단체연합을 비롯하여 많은 여성단체가 참여하였다. 2018년 4월, 국회 앞에서 '10차 헌법 개정과 남녀동수 개헌 촉구를 위한 300인 선언' 기자회견을 열어, '모든 영역에서 여성과 남성의 동등한 참여'를 국회가 적극 수용해 제10차 개헌안에 반드시 포함시킬 것을 촉구했다.[98]

성차별 해소와 여성과 남성의 동등한 참여 보장을 위한 10차 개헌 촉구 100만 유권자 서명운동

헌법은 미래를 위해 끊임없이 갱신해야 하는 사회계약

헌법은 전통으로서 지켜야 할 유산이 아니라 변화하는 시대상황에 맞춰 그리고 미래를 위해 끊임없이 갱신해야 하는 사회계약입니다. 따라서 제헌 70주년이 되는 올해 2018년 10차 개헌은 87년 체제와 과거 권위주의적 잔재를 청산하고, 자유와 평등의 가치를 새롭게 하여 민주주의와 정의를 바로 세워 백년대계의 대한민국을 그리는 방향으로 쓰여져야 합니다.

헌법에서부터 여성이 온전한 법적 주체로 자리매김해야

현재 대한민국 헌법 안의 여성은 "법 앞의 평등"을 부여받았음에도, 보호를 받아야 하는 객체로 온전한 시민권을 향유하지 못하고 있습니다. 그리고 제헌의회 때부터 지금까지 여성들의 동등한 정치적 참여를 위한 요구는 소수 남성 권력자들에 의해 묵살당해 왔습니다. '모든 인간의 자유와 평등'을 전제하는 민주주의의 기본가치가 현실화되기 위해서는 헌법에서부터 여성시민이 온전한 법적 주체로 자리매김해야 합니다.

여성이 헌법 속에서 온전한 권리의 주체로 서지 않는 한 성별에 따른 차별과 폭력, 혐오와 배제의 문화는 변화하기 어려우며, 여성이 남성의 임금에 비해 63.3%밖에 받지 못하는 현실은 바뀔 수 없습니다. 헌법에서 여성이 동등한 법적 주체로서 형상화되지 않는다면, 10차 개헌을 통해 18년 체제로 이어질 향후 30년의 미래도 현재와 다르리라 전망할 수 없습니다.

국회, 미투운동에 응답해야

현재 대한민국 사회의 근본적인 사회 변화를 요구하고 있는 미투운동은 일상화된 여성에 대한 폭력과 성적 착취는 남성과 여성의 불균등한 권력관계에서 뿌리박혀 있다는 것을 폭로하고, 이제는 이러한 문화가 근절되어야 한다고 외치고 있습니다. 여성의 의견과 생각의 표현이 마땅히 존중받아야 한다는 그 외침에 대해 이제 국회는 여성과 남성이 동등하게 입법자가 될 수 있는 권리가 있다는 것을 헌법에 천명해야 합니다.

제10차 헌법에 성차별 해소, 적극적 조치, 남녀동수 명시

이에 우리는 한 세대를 내다보며 자유롭고 평등한 대한민국을

> 위해 10차 개헌안에 최소한 다음의 내용을 포함시킬 것을 주장합니다.
>
> **하나. 국가는 고용, 복지, 재정 등 모든 생활영역에서 성별에 따른 차별을 제거하고 여성에 대한 폭력을 종식시킨다.**
>
> **하나. 국가는 실질적 평등을 실현하기 위하여 적극적인 조치를 실시한다.**
>
> **하나. 선출직과 임명직 등의 공직 진출에서 여성과 남성의 동등한 참여를 보장한다.**
>
> 1948년 제헌헌법에 명시되었던 "남녀동권"의 이상을 10차 개헌에는 완성시킬 수 있도록 귀하의 적극적인 지지와 서명을 부탁드립니다.
>
> 주최 : '성차별 해소를 위한 개헌여성행동'
>
> 국회여성정책연구회, 여성시민문화연구소, 정치하는엄마들, 젠더국정연구원, 젠더정치연구소 여.세.연, 한국여성단체연합, 한국여성단체협의회, 한국여성유권자연맹, 한국여성정치연구소, 한국여성정치연맹, 한국청년유권자연맹, 한국YWCA연합회, 헌법개정여성연대

국회에서 남녀동수 개헌 논의

제20대 국회에서 남인순 국회여성가족위원장을 중심으로 국회의원민주당 권미혁 의원·바른미래당 신용현 의원·정의당 추혜선 의원이 공동 주최하고, 한

국여성정치연구소와 '젠더정치연구소 여·세·연'이 공동 주관한 '#미투에 대한 응답, 성평등 개헌 : 쟁점 분석과 대안모색' 토론회가 열렸다. 남인순 여성가족위원장은 "여성과 남성이 동등한 정치적 대표성을 갖는 동수 개헌이 이뤄져야 한다"고 개헌논의에 대한 입장을 밝히기도 하였다.

2018년 7월에는 한국여성정치연구소와 더불어민주당 남인순 국회의원과 공동으로 "여성·남성의 동등한 정치 참여, '동수 민주주의 전략은? '동수정치를 위한 100년 토론회'"를 개최했다. 같은 해 12월에는 한국여성의정이 주최하고 국회 정치개혁특별위원회, 여성가족위원회, 한국여성정책연구원, 여성신문사, 한국노동조합총연맹 등 18개 여성 관련 단체가 협력하여 "선출직 남녀동수 실현을 위한 토론회"를 열기도 하였다. 이처럼 남녀동수에 대한 이해와 공감대를 증진하고, 대책 마련을 위한 논의를 이어갔다.

남녀동수의 구심점이 된 한국여성의정

2013년 문을 연 한국여성의정[99]은 '헌법개정특별위원회'를 구성하여 제10차 개헌에 남녀동수 헌법의 신설을 위해 여성계와 협력하여 논의의 장을 마련했다.

한편 정책연구를 통해 마련한 남녀동수 헌법안에 대한 이해와 협력을 위해 전국 권역별로 학계, 여성계, 정치인 등 개헌원탁회의를 개최하는 등 남녀동수 헌법개정에 뜻을 모았다. 아울러 여성단체장 간담회[100]를 통해 여성계 입장차에 대한 중재자 역할을 맡아 '동수헌법

연대' 결성을 도왔다.

또한 한국여성의정은 지난 10년 간 법 제정, 정책연구, 여성정치학교 및 남녀동수장학사업 등 여성정치인 역량강화와 네트워크를 위한 다양한 활동을 통해 여성정치인의 디딤돌 역할을 함으로써 남녀동수의 문을 열었다.

남녀동수, 국민 60% 찬성

한국여성의정은 정기적으로 남녀동수 관련 여론조사를 실시해 인식 변화를 측정하고, 조사 결과를 제도변화의 기초자료로 활용해왔다. 2016년부터 2021년까지 격년으로 전문여론조사기관에 의뢰해 여론조사를 실시하고 있다. 여성 국회의원 및 기초자치단체장의 적정규모나 남녀동수 공천제에 대한 찬성 여부 등을 물었다.

여성 국회의원이 '50명'이었던 2016년 당시 현재 여성의원 숫자가 적정하다고 보는 응답은 34.7%에 불과한 반면, '100명'이나 '150명 이상'이 적당하다고 응답한 비율의 합계는 54.1%였다. 응답자의 과반 이상이 여성 국회의원의 확대에 동의하고 있었다.

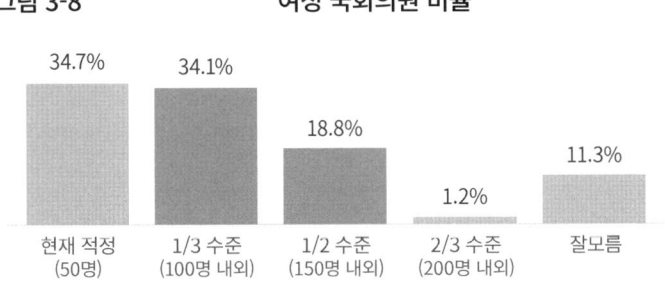

그림 3-8   여성 국회의원 비율

또한 2018년에는 국회의석 수를 남녀동수로 구성해야 하는지에 대해 61.1% 찬성으로 조사되었다. '남녀동수공천제'에 대한 찬성 응답 역시 56.1%로 나타나 반대 37.4%에 비해 높게 나타났다.[101]

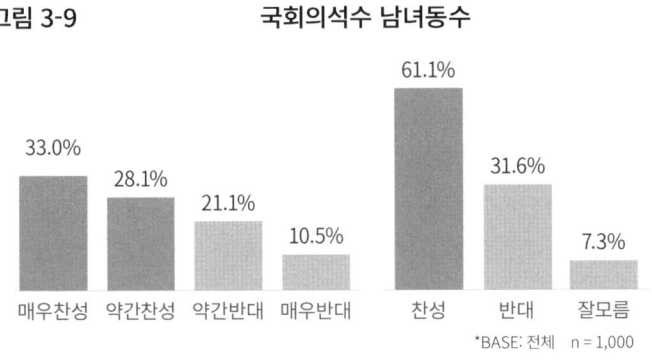

그림 3-9   국회의석수 남녀동수

이처럼 여성국회의원의 확대와 남녀동수공천제에 대한 국민적 공감대는 비교적 높게 나타나고 있다. 그러나 국회나 정당은 여전히 국민 인식을 반영하지 못하고 소극적이다. 세계 121위라는 여성정치 후진국의 오명을 벗기 위해 남녀동수법 제정을 더 이상 미룰 수 없다.

5.25 남녀동수의 날 선포

한국여성의정은 창립 10주년을 맞아 남녀동수문화 확산을 위하여 창립일 5월 23일부터 27일까지 5일간을 '남녀동수주간'으로 정하였다.

5월 25일 국회 의원회관에서 '2023 남녀동수의 날 선포식' 개최

남녀동수주간 중 5월 25일을 '제1회 남녀동수의 날'로 선포하였다. '5'월 '25'일에서 각각의 숫자는, 사회구성원의 절반을 차지하는 여성이 정치적 책임을 동등하게 지고 정치적 대표자로 동등참여하는 것을 나타낸다. 즉 남녀동수$5=5$를 상징하는 날로 5월 25일을 선정한 것이다. 이날 참석자들은 헌법개정과 남녀동등참여지원법의 제정을 촉구하고, 남녀동수를 지지하는 남녀 525명의 대표가 '남녀동수선언문'을 낭독하였다.

아울러 남녀동수주간에 정치 분야 남녀동등참여 지원법의 제정을 위한 공론의 장을 만들기 위한 '2024 총선, 남녀동수를 위한 토론회', 제1세대 여성정치인의 활동을 재조명하는 '박현숙 평전 발간기념 북콘서트' 등 다양한 행사를 개최했다.

남녀동수법, 어디까지 왔나

지역구 할당제의 위헌 논란

프랑스는 여성할당제가 "보편적 참정권을 제한하고 새로운 형태의 차별을 만들어낸다"는 이유로 위헌 판결을 받게 되자, 헌법을 개정하여 남녀동수 근거를 마련하였다. 우리나라에서도 지역구 할당제를 의무로 규정하는 개정안이 국회의 법안심사과정에서 위헌성을 가진다는 이유로 저지되기도 하였다. 지역구 할당제와 관련된 정당 내 당헌·당규 개정이 남성의원들을 중심으로 한 조직적인 반발에 의해 무산된 적도 있었다.

사례를 보면, 2012년 국회의원 선거에 앞서 민주통합당은 「공직선거법」에 지역구 선거 30% 여성할당 규정의 실효성을 높이기 위해 당헌·당규를 마련하고자 하였다. 그러나 당시 당내 남성 예비후보들은 헌법소원, 효력정지 가처분 신청, 최고위원 당무위원 공천심사위원 등에 대한 손해배상청구소송 등으로 당 지도부를 압박하였다. 결국 당헌·당규는 개정되지 못하였다.

> **'지역구 15% 여성 의무추천제'에 반대하는 민주통합당 남성예비후보 기자회견**
>
> "지역구 15% 여성 의무추천제"는 위헌이다. 지난 2012. 2. 6. 신설된 민주통합당 당규 제7호 공직선거후보자추천규정 제60조는 위헌입니다. "지역구 15% 여성 의무추천제"는 우리나라 헌법이 보장한 "유권자 선택권"과 "평등권" 등 헌법상 기본권을 침해하는 위헌 규정입니다. 우리는 과거 역사적으로 차별 받아온 여성들을 위한 우대정책에는 항상 환영하고 존중합니다. 그러나, 법을 만드는 입법기관인 국회의 근간인 정당은 당헌 및 당규를 만들 때 헌법을 지켜야 할 의무가 있습니다. 만약, 우리 당이 여성의 정치 참여를 위하여 "지역구 15% 여성 의무추천제"를 도입하려면 프랑스처럼 먼저 헌법을 수정하고 정당한 절차를 거쳐 시행하여야 합니다. ...(중략)...
>
> "지역구 15% 여성 의무추천제"를 반대하는 국회의원 예비후보 일동

이처럼 여성할당제의 위헌 소지는 계속해서 쟁점이 될 수 있다. 현재 우리 헌법에서는 제11조의 일반적 평등권을 시작으로 개별 영역의 성평등은 별도로 보장하고 있다. 헌법 제11조 제1항의 평등권으로부터 '정치적' 영역에 있어서 성별에 의한 차별을 받지 않을 권리를 도출할 수 있다. 그러나 헌법에서는 차별대우와 관련하여 구체적인 기준을 제시하지 않고 있다. 헌법 제11조는 주권자이자 사회구성원으로서 남녀의 동등한 대표성gender parity을 포함하는 것으로 보기 어렵다. 따라서 국제적 흐름에 맞춰 우리도 헌법에 동수민주주의 요건을 명시해야 한다.

동수 헌법 논의 시작

2017년 국회 내 헌법개정특별위원회가 구성되고, 제10차 헌법개정안 논의가 활발히 진행되면서 우리도 프랑스와 같이 남녀동수 개헌이 가능할 것이라는 기대가 커졌다. 당시 남녀동수 개헌안은 국회 헌법개정특별위원회 자문위원회, 헌법개정여성연대[102], 한국여성단체연합, 한국여성의정 등에 의해 제안되었다. 각각의 제안은 '차별시정을 위한 적극적 조치'와 '공직진출 남녀동등참여'의 내용을 공통으로 한다.

첫째, 국회 헌법개정특별위원회 자문위원회[103] 시안이다. 이 안에는 공직선거를 포함한 모든 영역에서 남성과 여성의 동등한 권리 보장안 제10조과 선출직을 포함한 공직진출에 있어 남녀의 동등 참여규정안 제15조 제2항을 신설하였다. 이는 프랑스의 헌법과 남녀동수법을 벤치마킹 benchmarking한 것으로, 정치적 영역에서의 여성 대표성 확대를 위한 남녀동수를 이끌어낼 근거로 만들어졌다.

> **국회 헌법개정특별위원회 자문위원회안 (남녀동수안)**
> 제10조 법률은 공직선거를 포함한 모든 영역에서 남성과 여성의 동등한 권리를 보장하여야 한다.
> 제15조 ② 국가는 선출직·임명직 공직 진출에 있어 남녀의 동등한 참여를 촉진하고, 직업적·사회적 지위에 동등하게 접근할 기회를 보장한다.

둘째, 헌법개정여성연대, 한국여성단체연합의 안은 고용, 노동, 임금, 혼인과 가족생활 등 성평등의 범위를 구체적으로 명시하는 특징을 보인다.

> **한국여성단체연합의 성평등 개헌안**
> 제14조 ① 국가는 현존하는 성차별과 폭력을 제거하기 위하여 고용, 노동, 임금, 혼인과 가족생활, 복지, 재정, 안보 및 평화통일 등 모든 영역에서 적극적으로 조치하고 실질적 평등을 실현 보장하여야 한다.
> ② 국가는 선출직과 공직 진출에서 남녀의 동등한 참여를 촉진하고 모든 직업적 사회적 지위의 동등한 접근 기회를 보장한다.

셋째, 한국여성의정 개헌안[104]은 다른 안과는 큰 차이를 보이고 있다. 헌법 제1조에 제3항을 신설하여, '정치의 남녀동등참여권' 즉 동수민주주의의 명문화를 제안하고 있다. 헌법 제1조는 민주공화국과 국민주권을 선언하고 있어, 국민주권의 실현을 위한 방법으로 여성과 남성의 동등한 대표성을 보장하는 남녀동수의 근거를 마련하고자 한 것이다.

> **한국여성의정 개헌안**
> 헌법 제1조 ① 대한민국은 민주공화국이다.
> ② 대한민국의 주권은 국민에게 있고 모든 권력은 국민으로부터 나온다

> (신설) ③ 대한민국의 국민을 대표할 수 있는 권리는 남녀가 동등함을 보장하여야 한다.

넷째, 2018년 3월 26일 대통령이 발의한 헌법 개정안[105]에는 실질적 평등의 실현을 위한 노력은 언급하였으나, 절차적·정치적 한계를 극복하지 못하고 공직진출에 있어 남녀동수조항은 없었다.[106] 또한 성별로 인한 차별 상태를 시정하고 실질적 평등을 실현하기 위한 노력 규정은 현행 헌법상 논란이 되는 적극적 조치의 근거가 되기에는 한계가 있다.

> **대통령이 발의한 헌법 개정안**
> 제11조 ① 모든 사람은 법 앞에 평등하다. 누구도 성별·종교·장애·연령·인종·지역 또는 사회적 신분을 이유로 정치적·경제적·사회적·문화적 생활의 모든 영역에서 차별을 받아서는 안 된다.
> ② 국가는 성별 또는 장애 등으로 인한 차별 상태를 시정하고 실질적 평등을 실현하기 위하여 노력해야 한다.

남녀동수는 정당이 먼저

여성의 정치참여의 확대는 정당에서부터 시작된다. 정당 내부에서 공천이 이루어지고, 정당을 중심으로 당선에도, 이후 의정활동에도 많은 영향을 미칠 수밖에 없다. 결국 정당이 적극적으로 여성후보를 발굴하고 공천해야 한다. 이러한 실천의지를 표방하고 정당의 당헌·당규에 담는 것이 남녀동수의 시작이 될 것이다.

현재 각 정당의 당헌 당규를 살펴보면 표 3-3 참조, 국민의힘과 진보당과 같이 '남녀동수'라고 명시한 정당과 그러하지 않은 정당으로 구분할 수 있다. 더불어민주당, 조국혁신당은 성평등과 여성의 정치참여 확대로 표현하고 있다. 또한 「공직선거법」에 의하면, 비례대표 국회의원 선거 후보자에 대해서는 여성 50% 이상 공천하는 제도를 두고 있다. 그러나 지역구 선거 후보자와 관련해서 각 정당의 당헌·당규는 ① 규정이 없거나, ② 공천심사 시 동점자일 경우 여성을 우대하거나, ③ 지역구 30%에 여성을 할당하는 등 다르게 정하고 있다. 이같이 각 정당의 당헌·당규는 남녀동수의 실천과 관련하여 선언적 수준이거나 여성후보자 추천 비율 30%를 넘지 못하는 한계가 있다.

표 3-2 각 정당의 강령 · 당헌 · 당규

정당명	주요 내용
더불어 민주당	· 국회 및 지방의회, 공공부문의 성별 균형을 달성(강령 제11조) · 공직선거의 지역구선거후보자 추천에 있어서 당헌·당규로 정하는 바에 따라 여성을 100분의 30 이상 포함(당헌 제8조 제2항) · 비례대표 국회의원 후보자 중 100분의 60 이상을 여성으로 추천(당헌 제90조제1항)
국민의힘	· 성별 대표성이 확보될 수 있도록 남녀동수를 지향(강령 제9-1조) · 각종 선거(지역구)의 후보자 추천시 여성을 30%로 하도록 한다.(제6조 제6항의 6호) · 비례대표 여성을 50% 이상 포함하여 성별 교차식(당헌 제83조)

조국 혁신당	• 여성의 정치참여를 보장하여 실질적인 성평등을 실현하기 위하여 노력(당헌 제7조 제1항) • 공직선거의 지역구 선거후보자 추천 있어서 당헌·당규로 정하는 바에 따라 여성을 100분의 30 이상 포함(제7조 제2항)

진보당	• 주요의결기구에서 남녀동수를 실현
	  (진보당 성평등강령)
	• 선출직에 여성당원 50% 이상을 할당(당헌 제9조)
	• 지역구(선출직) 출마 후보의 최소 30% 이상을 여성 후보에 할당하되 50%가 되도록 노력
	  (당규 제8조 제1항)

그러나 각 정당의 여성위원회 등 여성 조직은 여성계와 연대하여 '남녀동수' 운동에 적극적으로 참여하고 있다. 하나의 사례로, 과거 새누리당현 국민의힘 전국여성지방의원협의회는 '2016 총선 대비 대토론회: 4·13 여성 전략과 남녀동수'를 주제로 제15차 레드파워 여성포럼 토론회를 열기도 하였다. 더불어민주당은 전국여성위원회에서 제20대 총선 여성·성평등 공약으로 '남녀동수제의 법제화 실현'을 제안하기도 하였다.

또한 2019년 4월에는 자유한국당현 국민의힘 여성정치인들이 주도하여 '남녀동수포럼'을 창립하기도 하였다. 더불어민주당은 최고위원회 산하 상설특별위원회 '여성정치참여확대위원회'를 설치하여, 여성후보 발굴과 인재영입에서 성과를 거두고 있다. 2019년 3·8 세계여성대회를 기념하여, 페미당 창당모임, 정의당 여성주의자 모임 등 여성주의 활동가들이 국회 앞에서 여성정치인 "51명을 51%로"라는 현수막을 들고 기자회견을 개최했다.

남녀동수는 정당이 앞장서야 하고, 우선적으로 정당의 책무를 법제화할 필요가 있다.

남녀동반선출제 발의

여성계가 제안하고, 2005년 제17대 국회에서 유승희 의원이 대표발의한 일명 '남녀동반선출제' 내용을 담은 「공직선거법」 개정안이 입법발의되었다. 기초의회 선거구마다 남녀 각 1인씩 선출되도록 하는 안으로, 임기만료로 폐기되고 만다.

　　이어 2013년 제19대 국회에서 다시 유승희 의원이 대표 발의한 기초의회 남녀동반선출제에 대한 법안[107]은 ① 하나의 자치구·시·군 지역구에서 선출할 자치구·시·군의 지방의회 의원정수는 남성과 여성을 합하여 2인 이상 4인 이하로 하며, ② 자치구·시·군의원선거에서 남성후보자 및 여성후보자마다 1인 1표의 투표를 하도록 하고, ③ 남성후보자·여성후보자 별로 각각 후보자의 기호와 성명을 표시하도록 하고 있다. 이 법률안은 정치개혁특별위원회에서 검토하였으나 국회 심사가 이루어지지 못하고 임기만료로 폐기되었다.

　　당시 정치개혁특별위원회 전문위원 검토보고서[108]를 보면, '정당활동의 자율성 저해, 장애인 등 다른 사회적 약자와의 형평성 문제 초래 및 지역주민들의 의사와 무관하게 여성을 의무적으로 선출하도록 함으로써 정치적 선택의 자유를 제한한다는 논란이 있을 수 있다'라고 하였다. 여기에서 국회는 여성을 사회적 약자로 보는 등 남녀동수에 대한 이해가 부족함을 보여준다. 따라서 남녀동수를 위한 법제도 개선이 요구되며, 사회적 약자를 위한 배려는 여성과 남성에 각각 포함되어야 한다.

최초의 남녀동수 3법 동시 발의

2019년 1월 한국여성의정 남녀동수위원장인 박영선 의원이 각종 선출직 선거에서 여성을 50% 이상 추천을 의무화하는 '남녀동수 3법「공직선거법」·「정당법」·「정치자금법」을 개정하는 법률안을 제20대 국회에서 대표발의하였다.

이 법안에 의하면 ① 지역구 국회의원 및 지방의원, 지방자치단체장 후보자를 추천하는 정당은 후보자 총수의 100분의 50 이상을 여성후보자로 추천 의무, ② 정당의 선출직 후보자를 남녀동수가 되도록 필요한 조치 의무, ③ 후보자의 수가 여성 및 남성 간에 동등하도록 하는 것을 "남녀 동수"로 정의, ④ 남녀동수 후보공천에 부합되도록 여성추천보조금의 확대 및 배분·지급 기준 보완 등을 담고 있다.

제21대 국회에서도 2020년 6월에 양금희 국회의원이 대표발의한 법안은 ① 지역구국회의원선거 및 지역구지방의회의원선거에서 추천하려는 후보자 총수의 30% 이상을 여성후보자 추천하도록 의무화, ② 정당의 여성당원 교육의무 신설, ③ 여성추천보조금 확대 등 구체화를 주요 내용으로 한다.

2021년 2월에 한국여성의정의 공동대표이자 남녀동수위원장인 남인순 의원이 남녀동수 3법 개정안을 대표발의하였다. 이때 "특정 성이 100분의 60을 넘지 않도록..."하는 남녀동수 기준을 명시하였다. 주요 내용은 ① 정당의 임기만료에 따른 지역구국회의원선거 및 지역구지방의회의원선거에 후보자를 추천하는 때에는 특정 성(性)이 전국지역구총수의 100분의 60을 초과하지 않도록 의무를 부과, ② 시·도지사선거는 각 정당마다 여성 및 남성을 각각 1명 이상 추천하도록 하고, 자치구·시·군의 장 선거에 있어서는 전국 선거구 총수의 100분의 30 이상을 여성으로 추천하도록 노력, ③ 정당이 여성후보자 추천 의무규정을 위반한 경우 해당 선거에서 그 정당이 추천한 후보자의 등록 무효 등이다.

이외에도 여성 추천 30% 의무화를 위한 「공직선거법」 개정안 발의 등 법제화를 위한 노력은 계속되었다. 제20대 국회에서 유승희 국회의원은 전국지역구 총수의 30%, 정유섭 국회의원은 전국 선거구 총수의 30%, 김상희 국회의원과 제윤경 국회의원은 정당추천 후보자 총수의 30%를 대표발의했다. 제21대 국회에서도 정춘숙 국회의원과 김영배 국회의원의 전국지역구 총수의 30% 여성 추천 의무화 개정안을 대표발의했다.

남녀동수지원법 제안

한국여성의정은 남녀동수 실현을 체계적으로 준비하고 효율적으로 지원하기 위한 남녀동수지원법 제정을 위해, 법인 내에 기구를 마련하여 제도 연구와 토론회 등 의견 수렴에 집중하였다. 한국여성의정은 현역 의원인 회원을 중심으로 입법발의를 추진하고 국회 내에서 활발하게 논의가 진행되도록 하였다.

2020년 2월 한국여성의정 남녀동수위원장인 유승희 의원이 「선출공직 남녀동수에 관한 법률안」을 대표발의하였다. 주요 내용은 ① 남녀동수의 정의와 대상선거, 정당과 국가 및 지방자치단체의 의무 등 규정, ② 남녀동수 관련 사무를 처리하기 위한 기구로 남녀동수위원회의 설립·운영, ③ 남녀동수에 관한 사무를 효율적이고 체계적으로 추진하기 위한 남녀동수원 설립 등을 담고 있다. 임기만료로 폐기되긴 하였지만, 법제도 개혁을 통한 남녀동수 논의의 시발점이 되었다.

2021년 12월, 제20대 국회에서 발의한 「선출공직 남녀동수에 관한 법률안」을 보완하여 발의 준비에 들어갔다. 남녀동수의 '지원법'이라 할 수 있는 이 법안은 인재근 의원 대표발의로 제안된 「정치분야 남녀동등참여 지원에 관한 법률안」이다.

이와 함께 남녀동등참여를 추진할 협의체와 기구를 국회 내에 설치하는 「국회법」 개정의 근거도 이 법에 포함시켰다. 국회 내 여성 의원 전원으로 구성된 여성의원협의체를 마련하여 남녀동수정치를 실질적으로 견인하도록 하였다. 또한, 국회 여성의원협의체의 지휘를 받아 남녀동수 관련 업무를 처리하는 국회의장 산하 독립기구인 남녀동수처를 설립하고, 행정부의 한국여성정책연구원과 한국양성평등교육진흥원 같이 입법부에서도 남녀동수제도를 연구하고 정치분야의 전문인력 양성을 실질적으로 지원하기 위해 남녀동수원을 설립하도록 하였다.

그 외에도 남녀동수지원법에서는 국가의 책무, 남녀동등참여 시책 장단기 계획 추진계획을 명시하고, '남녀동수의 날' 제정 근거도 마련하여 동수정치문화 조성에 관한 내용을 담고 있다.

그림 3-10　　남녀동수 3법과 남녀동수지원법

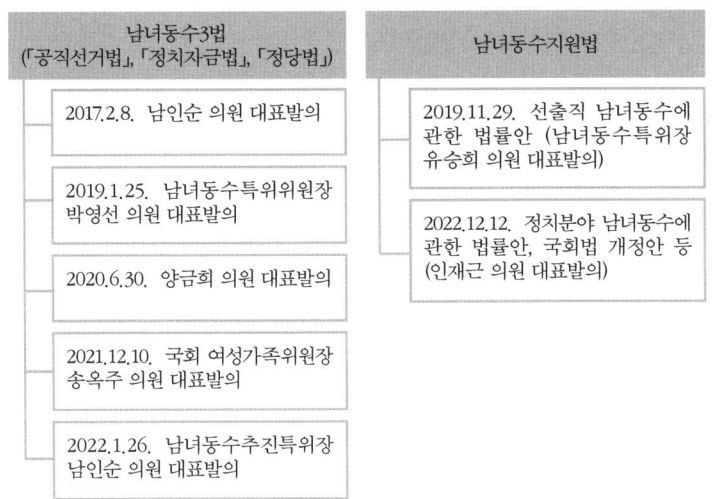

행정부의 남녀동수

최초의 남녀동수 기준

"특정 성이 60% 초과하지 않도록" 하는 남녀동수의 기준을 정한 것은 「양성평등기본법」에서 먼저 시작되었다. 국가와 지방자치단체의 위원회 위촉에서 "특정 성별이 위촉직 위원 수의 10분의 6을 초과하지 아니하도록 …" 규정하였다. 1998년 김대중 대통령의 성평등 철학에 따라 '대통령직속여성특별위원회'를 설치하면서, 국정과제로 당시 10%에 불과했던 정부위원회의 여성비율을 30%로 정하고 임기 내에 달성하도록 했다. 이 조치는 정부위원회의 여성 비율을 단기간에 증가시켜 현재 40% 이상을 유지하고 있다. 또한 '공무원 양성평등목표제' 등 다른 분야에 이를 준용하는 성과를 거두고 있다.

표 3-3   정부위원회 및 공공분야 여성비율

단위 %

부문		2018	2019	2020	2021	2022	2023
공무원	국가						
	고위공무원	6.7	7.9	8.5	10.0	11.1	11.7
	본부과장급 4급이상	17.5	20.8	22.8	24.4	26.4	28.4
	지방						
	지방과장급 5급이상	15.6	17.8	20.8	24.3	27.4	30.8
공공기관	임원	17.9	21.1	22.1	22.5	23.6	21.5
	관리자	23.8	25.1	26.4	27.8	28.8	30.4
위원회	정부위원회	41.9	43.0	43.2	42.4	41.4	40.5

이어 「여성발전기본법」이 「양성평등기본법」으로 개정되면서, 제21조 정책결정에 참여에 "정부위원회 위원 위촉시 특정 성이 60% 초과하지 않도록"이라는 문구를 명시하였다. 사실상 남녀동수 기준을 제도화한 것으로 볼 수 있다.

> **양성평등기본법**
>
> 제21조(정책결정과정 참여) ① 국가와 지방자치단체는 정책결정과정에 여성과 남성이 평등하게 참여하기 위한 시책을 마련하여야 한다.
>
> ② 국가와 지방자치단체는 위원회 (위원회, 심의회, 협의회 등) 명칭을 불문하고 행정기관의 ―――― 위촉직 위원의 경우에는 특정성별이 위촉직 위원 수의 10분의 6을 초과하지 아니하도록 하여야 한다. ―――― 〈개정 2020. 5. 19.〉

행정부의 여성 각료

역대 정부의 초대 내각 여성 장관의 비율을 보면, 김영삼 정부 18.8%³/¹⁶명, 김대중 정부 17.6%²/¹⁷명, 노무현 정부 21.0%⁴/¹⁹명, 최초여성 국무총리, 이명박 정부 6.6%¹/¹⁵명, 박근혜 정부 11.7%²/¹⁷명, 문재인 정부 31.6%⁶/¹⁹명, 최초여성 부총리, 윤석열 정부 18.8%³/¹⁶명, 여성 부총리이다.

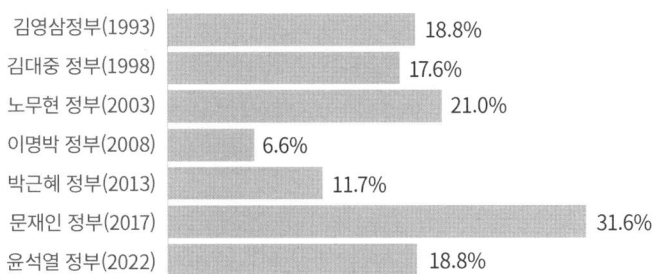

그림 3-11   역대 정부의 초대 여성 장관의 비율

제19대 대통령선거를 앞두고, 당시 대통령 후보들은 동수내각을 약속하면서 '남녀동수'가 회자되었다. 여성계가 합동으로 진행한 대선 후보 초청 성평등 정책간담회를 개최하였다.

여기에서 안철수, 유승민, 심상정 후보는 동수내각을 약속했고, 문재인 후보가 30%를 시작으로 임기 내 동수내각을 단계적으로 실현하겠다는 서약을 했다.

서 약 서

본인은 성평등을 적극적으로 실현하는 대통령이 되겠습니다.

1. OECD 통계 발표 이후 부동의 1위인 남녀 임금격차를 줄이기 위해 우리나라 여성이 15:04까지만 유급으로 일하고 있는 시간을 임기 중 (**OECD평균**)시까지 늘리겠습니다.

2. 생애주기별 여성 1인 가구의 복지를 위하여 임기 중 (**주거안정**) 정책을 꼭 이행하겠습니다.

3. 임기 중 남녀동수내각을 실현하기 위하여 여성 장·차관 비율을 **단계적 50**퍼센트로 확대 추진하겠습니다.

4. 여성에 대한 폭력을 근절하고 모두가 안전한 사회를 만들기 위하여 (**젠더폭력방지 국가행동계획 수립**)을 임기 중 꼭 이행하겠습니다.

5. 성평등 정책을 효과적으로 실행하기 위한 추진체계 구성을 위하여 (**여성가족부 기능강화 및 대통령직속 성평등위원회**)를 꼭 이행하겠습니다.

본인은 대통령 임기 중 성평등한 사회를 위하여 위 다섯 가지 약속 및 본인의 여성 공약을 반드시 실천할 것을 서약합니다.

2017년 **4** 월 **21** 일
제19대 대한민국 대통령 후보 **더불어민주** 당 **문재인** (서명)

제19대 대통령 후보 초청
성평등정책 간담회 범여성계 연대기구

(가나다 순) 한국여성단체연합 7개 지부 28개 회원단체, 한국여성단체협의회 65개 회원단체, 한국YWCA연합회 52개 회원 YWCA, 한국여성유권자연맹 17개 지방연맹 149개 지부

2017년 문재인 정부는 처음으로 정권 초기 여성장관 30% 임명을 실천하여 동수내각의 기대를 모았으나, 임기 내 33.3%에 그쳐 동수내각의 약속은 지켜지지 않았다.

세계적 흐름을 보면, 2015년 캐나다 동수내각을 시작으로 2021년 독일 숄츠 총리도 동수내각을 실행했고, 미국의 바이든 내각은 여성장관 비율 48%를 달성했다.

양성평등기본법의 한계

「양성평등기본법」은 양성평등을 위해 제21조(정책결정 참여), 제22조(공직 참여), 제23조(정치참여), 제24조(경제활동 참여)를 규정하고 있다. 특히 제23조(정치참여)는 여성과 남성이 동등한 정치참여를 지원하기 위한 시책을 마련하도록 정하고 있다.

이를 근거로 여성의 공직 참여는 물론 여성경제활동 참여 등 성과를 거두고 있으나, 이 법의 주관 부서인 여성가족부의 조직, 권한 등 구조적인 한계로 제23조에 정한 정치참여는 사실상 사문화되고 있다. 뿐만 아니라 한국여성정책연구원의 정책연구실적을 살펴보면, 2024년 말까지 수행한 총 2,019건 중 남녀동수 등 여성정치 관련 연구는 21건 1%에 불과한 것으로 나타났다. 또한 한국양성평등교육진흥원은 다양한 양성평등 관련 교육을 진행하고 있으나, 정치분야 교육은 특성으로 보아 실행이 어려운 것으로 보여진다.

이같이 정치 분야는 입법부 소관으로, 남녀동수 실현을 위해서는 정당, 선거관리를 포함하여 국회를 중심으로 관련 제도와 별도 기구가 마련되어야 한다.

양성평등기본법 발췌

(제3장 양성평등정책의 기본시책- 제2절 양성평등 참여)

제21조 (정책결정 참여) ① 국가와 지방자치단체는 정책결정과정에 여성과 남성이 평등하게 참여하기 위한 시책을 마련하여야 한다.

②-⑤ 생략

제22조 (공직 참여) ① 국가와 지방자치단체는 공직에 여성과 남성이 평등하게 참여하기 위한 시책을 마련하여야 한다.

②-③ 생략

제23조 (정치 참여) 국가와 지방자치단체는 여성과 남성의 동등한 정치 참여를 지원하기 위한 시책을 마련하도록 노력하여야 한다.

제24조 (경제활동 참여) ① 국가와 지방자치단체는 관계 법률에서 정하는 바에 따라 근로자의 모집·채용·임금·교육훈련·승진·퇴직 등 고용 전반에 걸쳐 양성평등이 이루어지도록 하여야 한다.

②-⑥ 생략

4

이제는
남녀동수

남녀동수가 답이다

이제는 남녀동수가 답이다. 남녀동수는 남녀의 동등한 대표성을 중심으로 공존을 추구한다. 1989년 유럽의회 슬로건 '여성이 없는 민주주의는 민주주의가 아니다'는 동수민주주의 개념이 되었다. 이는 여성만이 아니라 남녀 모두가 동등한 기회와 권리를 갖는 것을 의미한다. 즉 각자의 역량과 잠재력을 충분히 발휘할 수 있는 사회적 환경을 함께 만드는 것이 남녀동수정치의 시작이다.

　남녀동수는 사회공동체에 대한 책임을 함께 나누는 것에서 시작한다. 다시 말하면, 남녀동수는 여성에 대한 '할당'이나 '배려'가 아니라, 여성의 정당한 권리이자 민주주의 완성의 조건이다. 정치분야에서 먼저 남녀동수를 실현하는 것은 사회, 경제 등 모든 분야에서 기준과 비전이 될 것이다.

　지금 우리 사회환경은 AI 혁명, 기후변화, 저출산, 고령화 등으로 급변하고 있다. 사회변화에 대처하기 위해서는 공존을 중심에 두고 사회구성원들의 다양한 능력이 반영되어야 한다. 사회 패러다임은, 정치는 통치에서 협치로, 경제는 사적소유에서 공유로, 관계는 경쟁에서 신뢰로 점차 변화하고 있다. 정치는 국민의 일상을 디자인하는 것이고, 국민은 디자이너인 정치인을 선출한다.

1995년 베이징선언을 토대로 2015년 유엔여성기구에서 '2030년에는 '50대50'의 지구!' 선포에 힘입어, 남녀 50대50의 정치참여가 세계적 흐름이 되고 있다. 그러나 우리 국회의 여성의원은 20%^{60명}로, 190개 국제의회연맹 회원국 중 121위에 불과하다.

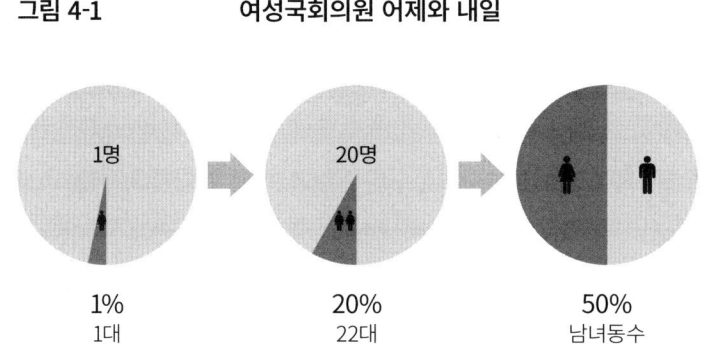

그림 4-1   여성국회의원 어제와 내일

남녀가 동등하게 정치에 참여하는 것은 '기회의 평등'을 보장하는 적극적 조치인 제도 개선에서 시작한다. 나아가 사회적 인식개선과 여성 스스로 경쟁력 향상을 통해 '결과의 평등'으로 이어질 것이다. 또한 남녀동수에는 여성과 남성 속에 같은 성의 청년, 노인, 장애인, 이주민 등 사회적 약자를 위한 배려가 각각 포함되어야 한다.

프랑스 사례에서 보았듯이, 1999년 남녀동수를 위한 헌법개정을 했고, 이를 바탕으로 2000년 남녀동수법을 제정했다. 프랑스의 남녀동수법^{빠리테법}, Loi Parité은 1995년 베이징선언에서 권고했던 30% 여성할당을 넘어 남녀동수50% : 50%에 대한 관심과 필요성을 세계적으로 확산시키는 데 큰 기여를 했다. 이같이 남녀동수가 성공할 수 있었던 것은 추진기구, 법제도, 여성단체를 비롯한 시민단체들의 연대였다.

이제 우리도 남녀동수로 가야 한다. 남녀동수가 시대적 담론이나 선언적 구호에 머물지 않기 위해서는 추진기구를 설치하여 체계적으로 준비하고 실현해 나가야 한다. 남녀동수의 근거를 위해 헌법을 개정하고, 남녀동수 3법 및 남녀동수기본법을 제도화하여야 한다. 이와 함께 남녀동수를 위해서는 남녀동수의 정치문화 확산, 공존을 위한 교육, 여성정치인의 경쟁력 향상, 네트워크 구축 등 종합적으로 이루어져야 한다.

남녀동수를 위한 제도개선

헌법개정 먼저

헌법에 남녀동수   대의민주주의는 주권자의 대표성을 핵심으로 한다. 국민의 인구학적, 사회경제적 다양성이 충분히 반영될수록 성숙한 대의민주주의라고 할 수 있다. 그러나 여성들은 인구의 절반을 차지함에도 불구하고 의회에서 수적으로 대표되지 못하고 있다. 대의민주주의 과정에서 다양한 구성원의 의사가 반영되고 평등한 참여가 이루어질 때 비로소 국민주권이 완성된다. 이러한 측면에서 남녀동수는 대의민주주의를 실질적으로 구현하는 최소조건이자 민주주의의 기본원칙이다.

프랑스의 경우, 할당제가 위헌 논란에 부딪치자 헌법에 남녀동수를 규정하고, 남녀동수법을 제정하였다. 우리나라의 경우도 2004년 국회의원 선거에서 정당은 지역구 여성공천 30%를 지키지 않았고, '헌법에 근거가 없어 위헌'이라는 등 공천에 소극적이었다. 또한 2012년 국회의원 선거를 앞두고 민주당 남성예비후보자들이 문제를 제기했었다. 이처럼 헌법에 규정이 없는 한 위헌 논란이 계속될 수 있다. 따라서 우리도 프랑스를 벤치마킹 benchmarking하여 남녀동수라는 원칙을 헌법에 규정해야 한다.

> **다른 나라 헌법규정 예**
>
> **프랑스 헌법(2008년)** 제1조 ② 법률은 남성과 여성이 선출직 및 그 임기 그리고 직업적, 사회적 책무에 동등하게 접근하도록 한다.
>
> **독일 기본법** 제3조 ② 남성과 여성은 동등한 권리를 가진다. 국가는 남성과 여성의 동등한 권리의 실체적 실현을 증진하고 현존하는 불이익을 제거하도록 노력한다.
>
> **벨기에 헌법** 제11조의2 ① … 여성과 남성 모두가 자신의 권리와 자유를 동등하게 행사하도록 보장하고, 특히 선출직과 공직에 동등한 접근을 촉진한다.

헌법 제1조 제3항 신설 우리 헌법 제11조에 규정된 평등권은 일반적인 차별금지를 보장하고, '정치적' 영역에 있어서 성별에 의한 차별을 받지 않을 권리를 규정하고 있다. 그러나 헌법 제11조는 주권자이자 사회구성원으로서 남녀동수를 포함하는 것으로 보기 어렵다.

헌법 제1조 '① 대한민국은 민주공화국이며 ② 대한민국의 주권은 국민에게 있고 모든 권력은 국민으로부터 나온다'는 민주주의 기본을 선언하고 있다. 즉, 헌법 제1조 제1항에 민주주의라는 국책과 제2항의 국민주권을 명시하고 있으나, 동수민주주의는 명시하지 않고 있다.

따라서 진정한 민주주의 완성을 위한 국민의 구성원인 여성과 남성이 동등하게 대표될 수 있도록 동수민주주의 원칙을 제3항에 신설해야 한다.

> **헌법개정안**
> 헌법 제1조 ① ~ ② 생략
> (신설) ③ 대한민국의 국민을 대표할 수 있는 권리는 남녀가 동등함을 보장하여야 한다.

선출직남녀동수기본법 제정

기본법으로 남녀동수 정치 분야에서 동수민주주의를 실현하기 위해서는 정치분야의 선출직 기본법으로 '선출직남녀동수기본법(가칭)'을 제정해야 한다. 정치 분야에서 여성과 남성이 동등한 존엄과 가치를 확인하고 동등하게 권리와 책임을 나누는 동수민주주의의 실현을 위한 수단이 선행되어야 한다.

현재 양성평등정책에 관한 기본법인 「양성평등기본법」이 시행되고 있으나, 이 법을 관장하는 행정부의 여성가족부는 조직, 권한 등 구조적인 한계가 있다. 이와 별도로 입법부인 국회에서 국회, 지방정부 등 선출직에 대한 남녀동수를 지원할 수 있는 기본법을 제정해야 한다.

세계적 흐름을 보면, 2000년 프랑스의 빠리떼법, 2018년 일본의 정치분야균등법 등이 시행되고 있다. 우리나라에서도 2019년과 2022년 두 차례에 걸쳐 남녀동수법을 발의하였으나 임기만료로 폐기되었다. 유사한 입법례를 보면, 특정 목적에 따라 「양성평등기본법」 외에도 「교육기본법」, 「소비자기본법」, 「사회보장기본법」, 「고용정책기본법」, 「보건의료기본법」 등이 있다. 이제는 더 이상 선출직남녀동수기본법 제정을 미루어서는 안된다. 이 법은 제도 개혁을 통한 남녀동수 실현의 시발점이 될 것이다.

선출직남녀동수기본법 선출직남녀동수기본법은 남녀동수의 핵심

요소인 기회평등, 고정관념의 해체, 정책적 지원, 존중과 상호이해를 바탕으로 일반적인 성평등과 달리 남녀동수의 달성까지 적극적인 조치를 지원하는 정치 분야에서 남녀동수의 기준, 기본이념, 정의, 관계자의 책무, 기본계획, 집행기구 등을 담아야 한다.

첫째, 총칙에서는 목적, 기본이념, 정의 등을 규정

둘째, 관계자 국가·국회·정당·정치인 당사자의 책무 규정

셋째, 추진체계로 남녀동수 정책을 추진할 기본계획 수립, 남녀동수 실현을 위한 정치문화를 조성하는 차원에서 '남녀동수의 날'의 제정 근거도 명시

넷째, 지원조직으로 남녀동수위원회, 남녀동수처와 남녀동수원 등의 역할과 운영을 규정하여야 한다.

> **선출직남녀동수기본법 안 예시**
>
> 제00조(목적) 이 법은 동수민주주의 이념을 선출직에서의 남녀동수로 실현하기 위하여 국가·지방자치단체 및 정당에 그 책무를 부여하고 추진기구를 설립하여 관련 시책을 추진하도록 규정함을 목적으로 한다.
>
> 제00조(기본이념) 이 법은 개인의 존엄과 인권의 존중을 바탕으로 정치분야에서 여성과 남성이 동등하게 참여하고 평등한 책임과 권리를 공유함으로써 동수민주주의를 실현하는 것을 기본이념으로 한다.
>
> 제00조(정의) 1. "남녀동수"란 선출직에서 특정 성(性)의 후보

> 자가 전체 후보자 수의 10분의 6을 초과하지 아니하는 것을 말한다.
> 2. "동수민주주의"란 여성과 남성이 동등한 존엄과 가치를 확인하고 동등하게 권리와 책임 및 권력을 나누는 방식으로 사회조직을 재구성함으로써 정치제도를 민주적으로 만드는 것을 말한다.
> 3. "적극적 조치"란 정치 분야에서 남녀동수 실현을 위해 목적이 달성될 때까지 부족한 성에 대한 공천 우대 등 적극적 조치를 취하는 것을 말한다.

남녀동수 3법 개선

남녀동수 3법은 왜! 남녀동수 실현을 위한 제도개선 방안을 '남녀동수 3법'「공직선거법」, 「정당법」, 「정치자금법」에 명문화하여야 한다.

비례대표남녀동수제 도입으로 여성의 정치참여가 확대되었다. 그러나 비례대표의 실태를 보면, 국회 개원 77년이 지난 제22대 국회에도 여성은 전체 비례의석 46석으로 52.1%의 성과를 거두었으나 24석에 불과하다. 지역구에 여성의원 확대를 위한 적극적 조치를 취하지 않는 한 현행 비례제도만으로 남녀동수 실현에 한계가 있다.

아래 표를 살펴보면, 제20대부터 제22대 총선에서 정당에서 공천한 여성후보자는 15%를 넘지 못하고, 반면 여성의 당선율은 평균 당선율보다 높다. 결국 정당의 공천이 관건이다.

표 4-1 성별 후보자 및 당선자 현황

구 분	제20대			제22대		
	총원	여	비율(%)	총원	여	비율(%)
후보자	934(명)	98(명)	10.5	693(명)	97(명)	14.0
당선자	253(명)	26(명)	10.2	256(명)	36(명)	14.9
당선율(%)	27.1	26.5		36.9	37.1	

이를 극복하고자 제20대~제21대 국회에서 여성의원을 중심으로 다섯 차례에 걸쳐 남녀동수 3법의 개정안이 발의되었으나, 임기만료로 폐기되었다. 남녀동수의회의 실현을 위해서는 적극적 조치로 지역구에도 강제조항이 동반되어야 한다. 특히 지역선거구를 중대선거구제로 개편하여, 남녀동수공천을 의무화하고, 남녀동수공천보조금제, 정당에는 남녀동수 이행 책무를 신설하여야 할 것이다.

남녀동수의무공천제 신설 먼저 공직선거법의 개정을 통해서 남녀동수의 대상과 범위, 의무를 규정하여야 한다. 프랑스, 스페인, 멕시코 등의 사례를 보면, 일정 인원 이상을 선출하는 선거구에서 정당이 성별 균형 공천을 의무화하고, 위반 시 공천 무효 또는 정당 보조금 삭감 등 강제화의 조치를 실행하고 있다.

우리도 공직선거법을 개정하여 첫째, 지역선거구를 2인 이상 공천할 수 있는 중대선거구로 개편하고, 둘째, 남녀동수의무공천제를 도입하여야 한다. 1선거구 2인 이상으로 개편된 중대선거구마다 남녀동수 의무공천을 실행하여야 한다. 구체적으로는 정당이 지역구 국회의원

선거와 지역구 지방의회의원 선거 후보자를 남녀동수로 공천하도록 한다. 셋째, 이를 위반할 경우에는 비례대표제와 같이 정당의 후보자 등록을 무효로 하여 강제성을 부여한다. 또한 넷째, 후보자의 명단과 비율을 공개하는 보조적 조치도 필요할 것이다.

남녀동수공천보조금제 신설　　공직선거법에 신설되는 남녀동수의무 공천제의 실효성을 높이기 위해 '남녀동수공천보조금제'를 신설하고, 의무공천 비율에 따라 보조금을 지급하도록 한다.

그동안 지역구 여성할당 30%를 유도하기 위해 여성추천보조금제를 운영하고 있으나, 지키는 정당이 거의 없고 금액이 적어 취지를 살리지 못하였다.

정당의 책무와 강제력 부여　　정당은 국민의 정치적 의사 형성에 참여하는 공적 기능을 가지고 있다. 동수민주주의 실현을 위해서는 정당이 적극적으로 여성후보를 발굴하고 공천해야 한다. 정당은 이러한 실천 의지를 표방하고, 정당의 당헌·당규에 규정하고 실천하는 것이 남녀동수의 시작이 될 것이다. 그러나 현행 정당법은 정당의 자율에 맡겨져 있기 때문에 정당의 당헌·당규에 규정이 없거나, 있는 경우도 지키지 않고 있다.

표 4-2   정당의 공천 현황

구분		제21대			제22대		
		여	남	총원	여	남	총원
국민의힘	후보자(명)	26	210	236	30	224	254
	당선자(명)	8	76	84	12	78	90
	당선율(%)	30.8	36.2	35.6	40.0	34.8	35.4
더불어민주당	후보자(명)	32	221	253	41	204	245
	당선자(명)	20	143	163	24	137	161
	당선율(%)	62.5	64.7	64.4	58.5	67.1	66.7

따라서 정당법을 개정하여 첫째, 남녀동수 실현을 정당의 책무로 정하고, 정당으로 하여금 남녀동수를 의무적으로 이행하도록 명문화 하여야 한다.

> **정당법 일부개정안 예시**
>
> 제00조(정당의 책무) ① 정당은 민주적 기본질서를 지키고 책임있는 정책을 추진하기 위하여 노력하여야 한다.
> ② 정당은 선출직 공직자를 선출하는 선거에서 남녀동수가 조속히 실현될 수 있도록 여성정치인을 발굴하고 교육하며, 선거에서 선출직 공직자의 여성후보자를 위한 정치환경을 조성하는데 필요한 조치를 하여야 한다.

둘째, 정당의 당헌·당규 기재사항에 남녀동수로 후보를 추천하는 내용을 추가하여야 한다. 이를 위반할 경우 과태료 등 제재조치도 고려할 수 있다.

남녀동수를 이끄는 전담기구 설치

입법부 남녀동수기구

남녀동수 실현을 위한 법적 추진기구 설립은 적극적 조치로서 동수민주주의를 가능하게 하기 위한 추진체계로서의 의미를 갖는다.

정치 분야의 남녀동수 실행을 위한 입법부 업무로 국회의장 산하 의결기구로 '남녀동수위원회'를 구성하고, 남녀동수 관련 업무를 처리하는 '남녀동수처' 설립, 입법부의 특성을 뒷받침하는 남녀동수제도를 연구하고 정치 분야의 전문인력을 양성하는 '남녀동수원'을 설립해야 한다.

2012년 국제의회연맹IPU이 제127차 총회에서 채택한 '성인지 의회 행동계획'Plan of Action for Gender-Sensitive Parliaments은 각국에 성평등 전담기구의 설치를 권고하고 있다.[109] 제21대 국회에서도 최초 여성 국회부의장 김상희 의원을 중심으로 구성된 국회의장 직속 자문기구인 '성평등 국회 자문위원회'가 '(가칭) 국회 성평등지원처 설립'을 제안한 바 있다.[110]

프랑스의 경우도 1995년 설치된 남녀동수감시소가 헌법개정 및 남녀동수법 제정 뿐만 아니라, 남녀동수 관련 연구분석, 입법적 개혁의 제안 및 권고 등 동수민주주의 정착에 뒷받침했기 때문에 가능했다.

우리 행정부는 양성평등 정책을 관장하는 여성가족부와 산하에 '한국양성평등교육진흥원' 등 교육 연구기관을 두고 있으나, 권력분립, 업무특성, 조직 규모 등 한계가 있다. 정치 분야 남녀동수 실현을 위해서는 정당, 선거관리를 포함하여 입법부인 국회를 중심으로 관련 제도와 별도 기구가 마련되어야 한다. 이를 위해서는 「선출직남녀동수기본법」 외에도 「국회법」에 설치 근거를 마련하여 공식적인 기구로 기능할 수 있도록 법적으로 뒷받침해야 한다.

남녀동수위원회 구성

국회 내에서 여성국회의원 전원으로 구성된 남녀동수위원회를 설치하여야 한다. 남녀동수위원회는 남녀동수 실현을 위하여 관련 입법 활동의 추동력 확보, 여성의원간 연대 강화, 국제협력, 국회 내 성평등 인식 제고 등 역할을 담당한다.

한편 남녀동수와 관련된 국회 내 논의를 주도하고, 현안에 대하여 각 교섭단체나 관련 위원회에 의견을 제시한다. 이를 위해 남녀동수처와 남녀동수원을 두고 남녀동수기본계획을 심의하고 의결한다. 이같이 국회 내 남녀동수 관련 법제도 개선을 활성화하기 위해서는 의장은 호선하고, 부위원장은 원내 정당의 여성의원이 담당하도록 하는 등 정당을 초월한 여성국회의원들의 적극적인 활동이 가장 중요하다.

외국의 관련한 사례를 보면, 인도네시아의 여성의원모임 KPP-PI,

미국의 여성의원모임 Caucus for Women's Issues, 영국의 의회내 여성연구단체 Women in Parliament, 핀란드의 여성의원 네트워크 Network of Finnish Women Members of Parliament 등이 활동하고 있다.

국회 남녀동수처와 남녀동수원 신설

국회는 '선출직 남녀동수기본법'의 실행기구로 남녀동수처와 남녀동수원을 두어야 한다. 남녀동수 실현을 위한 사무처리, 여성정치인의 정치교육, 국제협력, 남녀동수위원회 운영을 실질적으로 지원한다. 특히 남녀동수를 위한 정책·입법활동 수행을 위해 기본계획을 수립하는 것이 핵심 역할이다. 그밖에 남녀동수 관련 사무를 다른 기구에서 위탁받아 처리하는 실무를 담당한다.

여기서 기본계획은 남녀동수를 추진하기 위한 실태조사, 시민사회단체 등과 협력 지원을 바탕으로, 관련 법·제도 마련, 재정 계획, 여성정치인 교육, 국제조약의 이행 노력, 남녀동수 정치문화의 확산을 담아야 한다.

남녀동수원은 정책연구 및 교육기관으로, 남녀동수정치 관련 의제를 개발하고 평가하며 기초적인 통계나 자료를 구축한다. 여성정치인의 역량강화 등 경쟁력 향상을 모색하는 일도 남녀동수원에서 담당한다. 남녀동수처와 남녀동수원은 남녀동수위원회의 활동을 보좌한다.

함께 준비하는 남녀동수

여성정치인 경쟁력 강화

남녀동수 3법 등 적극적 조치인 법제도 개선으로 기회의 평등이 이루어져 정당에서 여성에게 공천이 이루어지더라도, 유권자인 국민에게 선택을 받으려면 여성 스스로 능력을 향상시켜야 한다. 정치환경개선은 물론, 정치교육 활성화를 통한 역량강화가 우선이다.

먼저 정당과 의회를 중심으로 여성예비정치인을 양성하는 '정치아카데미(가칭)'를 활성화하고, 여성 의회 전문교육을 확대해야 한다. 정치아카데미는 지방자치와 생활정치를 실현할 정치인을 발굴·육성하는 과정이고, 지역 내 여성정치 참여의 통로이다.

정치아카데미는 지역 정치단체, 지방의회, 국회 여성의원 및 후보자들이 협력하고, 연대와 교류를 할 수 있는 구심점이 되어야 한다. 지방여성의원 모임인 '전국여성지방의원네트워크' 같은 단체가 여성정치인 간 적극적 협력 관계를 모색하고 지역별 멘토링의 중심이 될 수 있다.

다음으로 10만 명이 넘는 국회와 지방의회 의원을 비롯한 의회종사자를 위한 전문교육이 필요하다. 예를 들면, 국민의 생활설계자인 정치

2022년 중앙대학교 일반대학원 의회학과 워크숍 단체 사진

인을 위한 정치학, 법학, 행정학, 여성학, 철학 등을 아우르는 융합과 통섭의 역량을 갖춘 정치적 전문가 육성을 위해 일반대학원에 설치된 '의회학과'[111]와 협력할 수도 있다.

나아가 사법부의 법학전문대학원, 행정부의 행정대학원은 있으나, 입법부에 전문교육기관은 없다. 입법부를 대상으로 의회활동·정치활동·지방행정 등 정치인의 의정활동에 필요한 의회전문대학원의 설치가 필요하다.

남녀동수 정치문화 확산

남녀동수 정치의 사회적 분위기를 만들어가기 위해 시민사회단체 등 모두가 함께 협력해야 한다. 프랑스의 경우도 여성단체들이 남녀동수가 안착되는 과정에서 국민의 반대에도 불구하고 세미나, 언론 등을 통해 동수민주주의 필요성을 주지시켰다. 우리나라도 여성시민단체가 연대하여 헌법개정, 할당제 도입 등을 위한 범여성연대, 개헌여성운동, 지도자 100인 선언 등 제도개선에 앞장서 왔다. 일반 시민, 정치인, 시민단체, 직능단체 등이 '함께' 남녀동수 정치와 남녀공존에 대한 문제의식을 공유하고 토론해 나갈 필요가 있다.

이제는 한국여성의정이 시행하는 '남녀동수의 날'을 포함한 남녀동수주간에 함께하는 다양하고 지속적인 여론조사를 비롯하여, 정당이나 시민사회단체와 함께 남녀동수 정치와 관련된 의제를 개발하고 실천전략을 모색하여야 한다. 뿐만 아니라 국제의회연맹IPU 등 의회단체와 국제협력을 통해, 동수민주주의와 관련된 각국의 경험과 정보를 공유하고 입법의제와 정책대안을 발굴해야 한다. 이를 위해서 각 지역에서 다방면의 인적 네트워크 구축을 지원하고, 각 정당, 국회 소속 각종 협의회, 여성단체 차원에서도 이러한 교류를 적극적으로 협력할 필요가 있다.

여성의원이 좋은 법안이나 의제설정을 공유하여 여성정치인 전체의 정치적 성과들이 향상될 수 있다.

공존을 위한 남녀동수 교육

남녀동수는 공존의 뉴노멀 속에서 여성과 남성은 동등하게 정치에 참여하여야 한다. 우리 사회는 '공존의 관계'라는 가치관에 대한 교육이 필요하다. 기존의 성평등 교육에서 나아가, 서로 대립적인 관계가 아니라 공존관계임을 초등학교부터 교육과정에 편성하고 프로그램을 개발해야 한다. 이와 함께 교육대학교에서는 필수과목으로, 일반대학교에서는 교양과목으로 포함해야 한다. 성별에 따른 역할분담이 아닌 개인의 역량과 선택을 강조하는 교육을 지향할 때 공존의 가치관이 확대될 수 있다. 이러한 측면에서 체계적이고 내실화를 갖춘 공존교육은 남녀동수 정치를 위한 문화적 기반을 넓혀가는 역할을 한다.

주

1 남녀공존의 뉴노멀

1 '여성할당제'는 제16대 총선에서 처음으로 법률에 명문화되었고, 제17대 총선에서 교호순번 제와 함께 국회 및 시도 의회선거에서 비례대표의 50%를 여성에게 할당하는 정당법 개정을 통해 본격적으로 시행되었다. 그 결과 제16대 여성의원의 비율이 5.9%(16명)에서 제17대 13%(39명)로 급격히 증가했다. 그러나 국회의원의 전체 의석수 300석 중 '비례대표 의석수'는 50석(16.6%)으로 비례대표 50%는 25석, 즉 전체 의석의 8.3%에 불과하다.

2 2019년 1월 25일에 한국여성의정 남녀동수위원회 위원장 박영선 의원이 대표 발의한 남녀동수 3법 중 「정당법」 개정안은 "남녀 동수"란 국회의원·지방의회의원 및 지방자치단체의 장을 선출하는 선거에서 정당이 추천하는 후보자의 수가 여성 및 남성 간에 동등하도록 하는 것으로 정의하고 있다(안 제2조 제2호. 제20대 국회 임기만료로 폐기).

2022년 12월 12일에 한국여성의정 이사 인재근 의원이 대표발의한 「정치분야 남녀동등참여지원에 관한 법률안」(제21대 국회 임기만료로 폐기)은 "남녀동등참여"의 용어를 특정 성(性)의 국회의원 또는 그 후보자가 전체 국회의원 또는 그 후보자 수의 10분의 6을 초과하지 아니하는 것으로 정의하고(안 제3조 제1호), "동수민주주의"는 여성과 남성이 동등한 존엄과 가치를 확인하고 동등하게 권리와 책임 및 권력을 나누는 방식으로 사회조직을 재구성함으로써 정치제도를 민주적으로 만드는 것으로 규정하고 있다(안 제3조 제2호).

3 양성평등기본법 제24조(경제활동 참여)에 근거하여 「여성기업지원에 관한 법률」이 제정되고, 「자본시장과 금융투자업에 관한 법률」 제165조의20(이사회의 성별 구성에 관한 특례) 등 규정하였다.

4 아가젠스키 실비안느(유정애 옮김), 『성의 정치. 남녀동수의회 구성의 논리』, 일신사, 2004, 37-38면.

5 김민정, 『동수민주주의 이론과 실제』, 서울시립대학교출판부, 2022, 21면, 재인용.

6 남녀동수 3법이란 남녀동수 실현을 위한 정치관련법으로 공직선거법, 정치자금법, 정당법 등 3종 법을 통칭한 것이다.

7 프랑수아 마리 샤를 푸리에(François Marie Charles Fourier, 1772-1837)는 프랑스의 공상적 사회주의 철학자이다. 푸리에는 1837년에 페미니즘이라는 용어를 처음 사용한 것으로 알려져 있다.

8   Karl Marx & Friedrich Engels, Die heilige Familie, MEW, Bd.2, Berlin: Dietz Verlag, p.208.

9   2018년 글로벌기업 아마존이 개발한 인공지능 채용프로그램은 IT기업인 자사 직원 중 높은 성과를 낸 이들의 이력서를 학습하여 이를 기준으로 지원자들을 판단했다. 해당 프로그램은 남성이 압도적으로 많아 편향적으로 여성보다 남성지원자를 우대하였다. '여성'이라는 단어가 언급된 이력서는 부정적으로 평가하였다. 결국 아마존 측은 최종 시뮬레이션 단계에서 이러한 문제를 발견하였지만 해결하지 못했고 프로그램을 폐기하였다.

최근에 뉴욕시는 AI가 학습한 사회적 편견이 채용의 공정성을 해칠 수 있다고 보고, AI를 채용에 활용하는 경우 외부기관으로부터 편향성을 평가받도록 의무화하였다(AI편견 감사법(NYC 144).

10 조앤 W. 스콧, 『성적 차이, 민주주의에 도전하다』, 오미영 외 옮김, 인간사랑, 2009, 25면.

11 김민정(2022), 26면.

12 조앤 W. 스콧, 앞의 책 (2009), 27면.

13 앞의 책 32면.

14 안티테제(Antithese)는 철학자 헤겔의 변증법에서 발전의 도식인 삼단법의 첫째 단계를 부정하는 둘째 단계를 말한다. 최초의 주장인 정립(定立)에 대립하고, 그 최초의 명제를 부정하여 새로운 주장이 세워진다.

15 '임계치'의 사전적 의미는 어떠한 물리 현상이 갈라져서 다르게 나타나기 시작하는 경계의 값을 뜻한다. 이 용어는 1970년대 미국의 페미니스트 학자인 로자베스 캔터(Rosabeth Moss Kanter)에 의해 처음으로 젠더문제를 분석하는 데 도입되었다. 그녀는 기업에서의 여성문제를 연구하면서 소수집단의 구성원들이 자신들의 이익을 전체 집단에 충분히 효과적으로 강제할 수 있는 크기에 관심을 가졌다. 그 결과 그녀는 소수집단 구성원의 비율이 약 30%에 달할 때 이들은 하나의 집단으로서 자율성을 갖고 전체 집단의 정책 결정에 영향을 미칠 수 있다는 사실을 발견했다. 그 비율이 30% 미만인 경우, 소수집단의 구성원들은 다수집단의 구성원들과 유사한 행동을 하도록 요구받거나 아니면 외로운 왕따가 되었다고 한다. (https://www.legco.gov.hk/yr02-03/english/panels/ha/papers/ha0314cb2-1636-1e.pdf)

16 제19대 국회의원 유승희가 발의한 공직선거법 개정안은 기초의회 지역구 의원 선출 시 선거구당 여성과 남성이 동수로 선출해야 한다는 '남녀동수선출제'를 담고 있다. 즉 2인 선거구의 경우 남녀 각 1인, 3인 선거구의 경우 남녀가 적어도 1인 이상, 4인 선거구의 경우 남녀 각 2인을 선출한다(유승희 대표발의, "공직선거법 일부개정법률안"(2013.8.9.), 국회의안정보시스템). (https://likms.assembly.go.kr/bill/billDetail.do?billId=PRC_T1H3R-0G8R0N9T1U8E0B7J4Q0G7G3E8)

17 유엔개발계획(UNDP)은 1995년에 인간개발에서 남녀개발지수(GDI, Gender-related Development Index)와 여성권한척도(GEM, Gender empowerment measure)를 처음 제시함으로써 국가 간 성평등 순위에 대한 국제적 관심을 불러일으켰다. 이후 세계경제포럼(WEF), 경제협력개발기구(OECD) 등 여러 국제기구와 연구소, 미디어에서 새로운 지수들을 계속 개발해 발표하고 있다.

18 주재선, "국제 성평등지수로 보는 한국의 성평등 수준", 통계플러스 16호, 통계개발원, 2021, 45면.

19 국제의회연맹(IPU)은 의회제도의 확고한 정착을 위해 각국 의회 및 의원들 간의 대화와 공동노력을 촉구하는 국제의회기구이다. 한국은 1964년 8월 덴마크 코펜하겐에서 열린 제53차 총회 때 회원으로 가입하였다.

20 국제의회연맹(IPU)은 성평등 원칙, 즉 의회의 조직 및 과정에 대해 남녀가 동등하게 참여할 권리를 가진다는 원칙에 기초하여 의회의 구성과 조직, 운영, 방법 및 활동에 있어서 여성과 남성의 이해와 욕구에 반응하는 의회를 '성인지 의회(Gender-Sensitive Parliaments)'라고 정의하였다.

21 2010년까지는 UNDP(유엔개발계획) HDI 보고서가 IPU 자료를 인용함에 따라 HDI 보고서를 근거자료로 활용하였으나, 2011년부터는 IPU 사이트의 자료를 직접 활용하고 있다.

22 르완다의 여성의원 비율이 2024년 63.8%로 세계 최고인 이유는 다음과 같다.
내전 이후 헌법을 제정하면서 국회의원 의석의 30%를 여성들에게 할당하였고, 나머지의 2/3의 의석에서도 여성의원이 많이 당선되면서 여성의원의 비율이 급증하였다(한국여성의정, "남녀동수 실현을 위한 추진기구 연구", 의정 2019-3, 2019, 107면).

23 https://data.ipu.org/women-ranking/?date_month=12&date_year=2024

24 다만 제22대 대한민국 국회의 여성의원은 2024년 12월 13일 비례대표 승계(1명)로 61명(20.3%)이 되었다. IPU의 여성의원 현황에는 1월에 반영되었다.

25 https://www.economist.com/graphic-detail/glass-ceiling-index?utm_medium=pr&utm_source=dnawire-a

26 유리천장지수는 전체 10개의 지표를 분석해 100점 만점을 기준으로 산정한다. 10개 지표는 고등교육 이수율 성별 격차, 경제활동 참가율 성별 격차, 성별 임금격차, 여성 고위관리직 비율, 여성 이사회(임원) 비율, 아동보육 비용, 여성의 유급 출산·육아휴직 기간, 경영전문대학원 입학시험(GMAT) 여성응시율, 여성국회의원 비율 등이다.

27 https://www.economistgroup.com/press-centre/the-economist/women-are-still-not-having-it-all-according-to-the-economists-2022-glass

28　경향신문, "부끄러운 자화상, '유리천장 지수' OECD 꼴찌", 202.05.05. (https://www.khan. co.kr/article/202405052014025)

29　https://www.internationalwomensday.com/Missions/20623/Economist-glass-ceiling-index-suggests-progress-for-women-at-work-has-stalled

30　매일경제신문, "[매킨지 리포트] (上) 대졸여성 절반이 死藏", 2001.3.18. (https://www.mk. co.kr/news/all/2479595)

31　제로-섬 게임(zero-sum game)은 나눌 수 없는 목표물을 서로 경쟁적으로 추구할 때 일어나는 게임이다. 바둑은 전형적인 제로-섬 게임이다. 이와 달리, 비(非)제로-섬 게임, 즉 넌-제로-섬 게임(non-zero-sum game)은 승자와 패자의 이익과 손실의 합이 '0'이 안 되는 경우를 말한다. 승자가 얻는 이익이 그대로 패자의 손실이 되지 않는다. 게임 참여자 모두가 이익을 볼 수도 손실을 볼 수도 있다. 여성과 남성의 관계에서는 넌-제로-섬 게임이 훨씬 많다.

32　WEF, 「Global Gender Gap Report 2024」, INSIGHT REPORT JUNE 2024 June, p.5.

33　앞 보고서 p.12.

34　앞 보고서 p.5.

35　앞 보고서 p.5.

36　여학생은 남학생보다 교육수준이 높으나, 노동시장에서 불리하게 작용하고 있다. 여성이 고등교육에 진학할 가능성이 더 커서 대학을 졸업한 25-34세 여성은 54%로 남성의 41%보다 훨씬 높다(우리나라 여 77%, 남 63%), 그러나 대학 졸업자 기준 25-34세 남성은 90%, 여성은 84%가 취업하였다(경제개발협력기구(OECD) 교육지표, "한눈에 보는 교육 2024", 2024.9, 2면). (https://overseas.mofa.go.kr/oecd-ko/brd/m_20807/view.do?seq=367)

37　법률저널, "2024 로스쿨, 어떤 이들이 들어갔나②", 2024.05.20. (https://www.lec.co.kr/ news/articleView.html?idxno=746699)

2 남녀동수, 프랑스에서 일본까지

38　여성에 대한 모든 형태의 차별철폐에 관한 협약은 모든 인간은 평등하고 차별받지 않을 권리를 가지고 있다는 원칙을 바탕으로 하는 '세계인권선언'과 경제적·사회적·문화적 권리와 시민적·정치적 권리를 남녀 모두에게 보장해야 한다는 내용의 '국제인권규약'을 근거로 하고 있다.

39　이 협약에서의 "여성에 대한 차별"은 정치적, 경제적, 사회적, 문화적, 시민적 또는 기타 분

야에 있어서 결혼 여부에 관계 없이 남녀동등의 기초위에서 인권과 기본적 자유를 인식, 향유 또는 행사하는 것을 저해하거나 무효화하는 효과 또는 목적을 가지고 성별에 근거한 모든 구별, 배제 또는 제한을 의미한다(CEDAW 제1조).

40 이 협약은 1985년 9월부터 발효되었다. 협약을 비준한 국가는 협약에 명시된 원칙과 비전, 내용에 따라 국내법을 정비하고 국가정책을 추진할 법적의무가 있으며, 이행 현황을 담은 국가보고서를 정기적으로 CEDAW 위원회에 제출해야 한다.

양성평등기본법 제40조(국제협력) ⑤ 정부는 유엔여성차별철폐협약 이행보고서 등 대한민국이 체결한 여성 관련 국제조약의 이행보고서를 제출하려는 때에는 이를 사전에 국회에 제출하여야 한다.

41 그러나 우리나라는 가입 당시 협약 중 국적의 평등(제9조)과 혼인과 가족생활에서의 평등(제16조 제1항)의 규정은 국내법에 저촉되어 비준을 유보했다. 그 후 민법 등이 개정됨에 따라 국내법 저촉 문제가 일부 해소됐다. 하지만 부부가 동등하게 가족성을 가질 것을 규정한 제16조 제1항 (g)는 여전히 국내법에 저촉되어 유보되고 있다.

42 북경 제4차 세계여성회의 행동강령 (https://world.moleg.go.kr/web/dta/lgslTrendReadPage.do?CTS_SEQ=15812&AST_SEQ=312)

43 1946년 6월 유엔의 주요 조직인 경제사회이사회(ECOSOC)는 여성의 권리를 포함한 인권 증진의 책임을 다하기 위하여 독립된 여성지위위원회의 설립을 결정했고, 이에 따라 1947년 2월에 설립되었다. 이 위원회는 "여성은 남성과 함께 자유와 평등을 공유해야 한다"고 선언하고, 여성의 평등을 위해 우선 법적·제도적 기반의 확립을 위하여 노력하였다.

44 여성지위위원회는 여성의 권리증진을 위하여 총 4회의 세계여성대회를 개최했다. 제1차는 1975년 멕시코의 멕시코시티, 제2차는 1980년 덴마크의 코펜하겐, 제3차는 1986년 케냐의 나이로비, 제4차는 1995년 중국의 베이징에서 개최하였다.

45 유엔여성기구는 유엔여성지위위원회와 같은 정부 간 기구가 정책, 국제적 규범의 수립을 지원하는 역할을 한다. 또한 유엔여성기구는 회원국의 이러한 규범의 이행 지원과 요청하는 국가에 기술 및 재정적 지원을 제공하고, 국제적 차원에서 성평등 관련 정책의 주도적 역할을 담당하고 있다(UN Women, "유엔여성기구 소개"). (https://asiapacific.unwomen.org/en/about-us/about-un-women-1)

46 유엔여성기구는 '여성에 대한 모든 형태의 차별 철폐에 관한 협약'을 통해 여성의 공적 생활에 참여할 권리를 지지하고, '베이징 행동강령'을 통해 평등한 참여를 가로막는 장벽을 제거할 것을 촉구하였다.

47 뉴시스, 반기문 "목표는 2030년까지 남녀 지위 50대50", 2015.05.20. (https://www.newsis.

com/ar_detail/view.html?ar_id=NISX20150520_0013674955&cID=10106&pID=10100)

48 유엔여성기구 성평등센터는 국내에서 처음으로 설립되는 여성 관련 국제기구로, 아시아·태평양 지역의 성평등의 중요성을 강조하고 여성·여아의 역량 강화를 집중하여 전담한다. (https://asiapacific.unwomen.org/en/digital-library/publications/2024/03/overview-un-women-centre-of-excellence-for-gender-equality)

49 북유럽 국가들의 경우 스웨덴 42.7%(1998년), 덴마크 37.4%(1998년), 노르웨이 36.4%(1997년), 핀란드 33.5%(1995년)라는 매우 높은 수준의 여성의원 비율을 보였으며, 그밖에 네덜란드 36.0%(1998년), 독일 30.9%(1998년), 영국은 18.2%(1997년)였다. (https://data.ipu.org/dataset/percentage-of-women-in-parliament-between-1945-2018/)

50 프랑스 페미니스트 운동의 이러한 특징은 북유럽과 비교하면 명확하게 드러난다. 북유럽 여성운동가들은 여성의 권리보장이라는 목표를 이루는 방법으로 가능한 한 여성을 많이 의회에 진출시켜 여성에게 유리한 법을 제정하도록 유도하는 전략을 세웠다(김민정, 강경희, 김경미, 김은희, 문경희, 신은영, 조현옥, 「여성정치할당제」, 인간사랑, 2011, 39면).

51 그들은 『여성 시민이여, 권력으로!』라는 책의 부제를 프랑스 대혁명의 이념인 '자유, 평등, 연대(Fraternité)'를 본 따서 '자유, 평등, 동수(Parité)'로 지었다.

52 김민정 외(2011), 44면.

53 577명은 프랑스 의회의원 숫자로 여성 289명과 남성 288명이다(Praud, Jocelyne ·Dauphin, Sandrine. 2011. Parity Democracy. Women's Political Representation in Fifth Republic France. UBC Press: Vancouver. p.23).

54 프랑스의 상원은 3명 이상을 선출하는 도에서만 명부식으로 시행되며, 1~2명을 뽑는 도에서는 다수대표제 방식으로 선출된다.

55 IDEA, "Gender Quotas Database-Mexico" (https://www.idea.int/data-tools/data/gender-quotas-database/country?country=144)

56 굿시티즌스, 멕시코의 여성할당제와 남녀동수제, 2018.04.13. (https://blog.naver.com/goodcitizens/221251751696)

57 경향신문, "여성할당제 장착... 멕시코 의회 '우먼파워'", 2018.07.16. (https://www.khan.co.kr/article/201807162149005)

58 여성신문, 멕시코 첫 여성 대통령 당선인, 차기 정부인사 '남녀 동수' 구성, 2024.08.15. (https://www.womennews.co.kr/news/articleView.html?idxno=250969)

59 연방상원의원은 국민이 선출하지 않는다. 16개 연방주를 대표하는 연방상원(Bundesrat)은

주정부에서 직책을 갖고 있는 사람들로 구성된다. 만약 주선거를 통해 새로운 주정부가 구성되면 이 새로 꾸려진 주정부는 연방상원의원을 지명하도록 되어 있다.

60 할당제를 채택한 정당들도 수십 년 전에 채택된 할당제의 문제점을 파악하고 개선하려는 노력을 보이지 않는다. 사민당은 1988년에 채택한 40% 할당 의무조항을, 그리고 기민련은 1996년에 규정한 1/3 여성할당제'를 여전히 유지하고 있다.

61 지금까지 니더작센(Niedersachsen)주 사민당·연대90/녹색당 연합정부(2013-2018), 튀링겐(Thüringen)주 좌파당·사민당·연대90/녹색당 연합정부(2014-2019), 작센안할트(Sachsen-Anhalt)주의 사민당·기민련·연대90/녹색당 연합정부(2016-2021), 베를린주의 사민당·연대90/녹색당·좌파당의 연합정부(2021-2026), 자르란트(Saarland)주의 사민당 정부(2022-2027)는 주차원에서 합헌적 동수법의 도입을 위해 노력하겠다고 약속한 바 있다. 그러나 실제로 동수법이 주의회를 통과한 경우는 현재까지 튀링겐주와 브란덴부르크주뿐이다. 특기할 사항은 남녀동수법의 도입을 검토 내지 노력하겠다는 주는 모두 진보좌파정당(사민당·연대90/녹색당·좌파당)에 의해 통치되고 있다는 점이다(Lukoschat, Helga / Belschner, Jana. 2016. Parität in der Politik: Ein Wegweiser. Bundesministerium für Familie, Senioren, Frauen und Jugend(BMFSFJ), p.3).

62 독일 주의회 중에서 여성의원의 비율이 가장 높은 주는 함부르크(43.9%)이며, 가장 낮은 주는 바이에른(25.1%)이다(lpb(Landeszentrale für politische Bildung Baden-Württemberg). 2023. "Frauen in den Länderparlamenten.) (https://www.lpb-bw.de/frauenanteil-laenderparlamenten#c8378)

63 법 초안에 따르면 주의회에서 여성의 비율이 낮은 것은 브란덴부르크 주헌법 제21조 3항("여성과 남성은 동등한 권리를 갖고 있다. 브란덴부르크 주는 직업, 공공 생활, 교육과 훈련, 가족 및 사회보장의 영역에서 효과적인 조치를 통해 여성과 남성의 평등에 힘써야 한다")과 독일의 헌법인 기본법(Grundgesetz) 제3조 2항에 제시되어 있는 성평등 규정과 성평등 기본권을 지키지 못했기 때문이다. 또한 기본법 제38조 1항은 주의회선거의 공천 절차에서 여성후보자의 기회균등(피선거 평등권)을 규정하고 있다. 따라서 브란덴부르크 주의회에서 여성의 낮은 대표성은 민주주의의 평등한 참여권과 브란덴부르크 시민의 효과적인 활동을 전제하는 주헌법과 국민주권을 규정하고 있는 기본법에 위반된다. 연대90/녹색당은 이러한 문제점들을 선거법 개정-동수법-을 통해 교정하려는 데에 법안 제출의 목적이 있다고 밝혔다(Lantag Brandenburg. 2018. Gesetzentwurf der Fraktion Bündnis90-Die Grünen. Inklusives Parité-Gesetz - (Drittes Gesetz zur Änderung des Brandenburgischen Landeswahlgesetzes). Drucksache 6-8210. p.1-2).

64 Verfassungsgericht des Landes Brandenburg. 2019. Im Namen des Volkes Urteil VfGBbg 55-19.

(https://www.brandenburg-paritaetisch.de/wp-content/uploads/2020/11/Urteil-Kalbitz-und-co.pdf)

65 튀링겐의 좌파당, 사민당, 연대90/녹색당은 2019년 3월에 법 초안을 제출했으며, 6월에 공청회를 거쳐 7월에 주의회를 통과했다. 통과된 동수법은 2020년 1월 1일부터 효력이 발생했다.

66 lpb(Landeszentrale für politische Bildung Baden-Württemberg). 2023. "Frauen in den Länderparlamenten." (https://www.lpb-bw.de/frauenanteil-laenderparlamenten#c8378)

67 Thüringer Verfassungsgerichtshof. 2020. VerfGH 2-20 Im Namen des Volkes Urteil, p.2. (https://www.brandenburg-paritaetisch.de/wp-content/uploads/2020/09/Urteilsbegr%C3%BCndung-Th%C3%BCringen.pdf)

68 주요 기각 사유는 첫째, 튀링겐주에서의 동수법 기각이 제소자들의 기본권을 어느 정도까지 제한했는지에 대한 근거가 불충분하다. 둘째, 각 주는 주 헌법을 제정하는 데에 있어 자율성을 갖고 있다. 셋째, 민주주의와 유권자의 적절한 대표성을 충족시키기 위해 왜 의회와 주선거명부에서 남녀동수가 필요한지에 대한 상세한 설명이 부족하다(Zeit 2022/01/18).

69 김민정(2022), 130면.

70 국제의회연맹, 스페인 의회의 여성의원 비율 (https://data.ipu.org/parliament/ES/ES-LC01/)

71 다른 유럽 국가들과 달리, 남녀동수제도에 의하여 여성의원의 비율이 증가한 것이 아니라 여성의원의 비율이 증가하고 남녀동수제가 통과되었다는 점이 차이가 있다.

72 Christina Alnevall, "CASE STUDY: SPAIN: SUCCESS AND OBSTACLES ON THE PATH TO PARITY DEMOCRACY", 「Electoral Gender Quota Systems and their Implementation in Europe」, European Parliament, 2011, 124면.

73 자파테로는 스페인 정부 최초로 여성 장관과 남성 장관의 수를 동일하게 지명했다.

74 동등 대표성 법안은 전국, 지방, 지방자치단체, 유럽 선거의 정당 후보자를 여성과 남성을 동수로 공천할 뿐만 아니라, 내각 각료의 구성에 있어서도 한 성이 전체 내각의 최소 40%가 되도록 하여야 한다는 내용을 담고 있다(한겨레신문, "스페인, 내각 '성 평등법' 추진 "여성이 반이라면, 권력의 반도 여성에", 2023.03.06.). (https://www.hani.co.kr/arti/international/europe/1082308.html)

75 곽서희, "스페인, 의사결정직 성별 균형을 위한 평등법 발효", 국제동향, 한국여성정책연구원, 2024. (https://www.kwdi.re.kr/research/ftrandView.do?idx=132539)

76 Directive (EU) 2022/2381 of the European Parliament and of the Council of 23 November 2022 on improving the gender balance among directors of listed companies and related measures.

77 이는 우리나라의 공직선거법에서 비례대표 국회의원 및 지방의회 의원선거 후보자 추천시 50%

이상을 여성으로 하고 후보자 명단의 홀수 자리에 여성을 할당해야 한다는 규정과 유사하다.

78 이하린·장혜영, "페미니스트 대외정책(Feminist Foreign Policy) 분석: 스웨덴과 캐나다 사례," 『사회과학연구』, 2022, 172면.

79 "Trudeau gives Canada first cabinet with equal number of men and women," The Guardian, 2015/11/04. (https://www.theguardian.com/world/2015/nov/04/canada-cabinet-gender-diversity-justin-trudeau)

80 Mario Canseco, 2023, "Half of Canadians would support gender quotas in Parliament: new poll," BIV, 2023/11/09. (https://www.biv.com/news/commentary/half-canadians-would-gender-quotas-parliament-new-poll-8294053)

81 1964년 「민권법」은 차별금지와 평등사회를 위한 미국의 오랜 역사의 결정체이다. 「민권법」에는 시민의 유권자 등록과 투표를 제한하는 행위나 기준 설정을 금지하고 있다. 공공·편의시설, 공립학교, 연방정부의 지원금을 받는 프로그램과 활동 등에 있어서 인종, 종교, 피부색, 출신국가 등과는 무관하게 평등한 접근성을 제공하도록 규정하고 있다.

82 박경순, "여성을 위한 적극적 우대조치에 관한 연구." 『서강법학』(서강대학교 법학연구소), 2008, 120면.

83 1978년에 미국 연방대법원은 소수인종 입학할당제에 대해 위헌을 선언했다. 1980년대 후반부터 1990년대 중반에는 공공고용과 공공계약 관련 적극적 차별시정조치에 대해 엄격한 심사가 적용되면서 연달아 위헌 판결이 내려졌다. 1990년대 말에 가서는 적극적 차별시정조치가 그 운명을 다했다는 평가가 내려지기도 했다. 적극적 차별시정조치에 대해 가장 최근에 내려진 위헌 판결은 2023년 6월로, 연방대법원은 소수인종 우대 입학정책이 법에 따라 시민을 평등하게 보호할 것을 규정한 수정헌법 제14조에 위배된다는 결정을 내렸다.

84 클린턴 대통령 이후 부시(아들) 대통령 시절에는 여성장관의 비율이 제1기 재임시절(2001-2005)에 19.0%로 다시 10%대로 후퇴했다가 제2기(2005-2009)에 23.8%가 되었다. 트럼프 대통령(2017-2021)의 행정부에서 여성장관의 비율은 26.1%에 불과했다. 미국 언론은 공화당 트럼프 행정부의 남성편향성을 지적하며, '백인 남성 클럽', '무척 남성적인 행정부' 등으로 언급한 바 있다(동아일보, "트럼프 행정부 女비율 낮아져… 더 두꺼워진 '유리천장'", 2020.05.19.). (https://www.donga.com/news/Inter/article/all/20180712/91012984/1)

85 2021년 당시, 교토통신이 전국 여성 국회의원을 상대로 실시한 설문조사에서 '여성의 정치 참여를 막는 장벽이 무엇이냐'는 물음(복수 응답)에 '정치는 남성의 것' 이라는 고정관념(66%), 가정·육아와의 양립(61%), 성희롱(34%), 여성 차별(33%) 등이라고 답했다(연합뉴스, "일본 국회의원 비율 9.9% '세계 166위'…한국은 19%"), 2021.03.08.). (https://www.yna.co.kr/view/AKR20210308072400073)

86 일본은 국회가 참의원(상원)과 중의원(하원)으로 나누어져 있는 양원제 국가로, 양원은 전 국민의 대표로 선출된 의원으로 구성된다.

87 남녀공동참여 사회란 "남녀가 사회의 대등한 구성원으로서 자신의 의사에 따라 사회 모든 분야에서 활동에 참여하는 기회가 확보되고, 남녀가 균등하게 정치적·경제적·사회적·문화적 이익을 향유할 수 있고, 공동으로 책임을 부담하는 사회"이다 (남녀공동참여사회기본법 제2조 제1항).

88 남녀공동참여기본법은 여성과 남성이 사회의 평등한 구성원으로서 정책 등의 입안 및 결정에 공동참여하고, 정부에 남녀공동참여 기본계획을 정하도록 명하고 있다. 일본 정부가 2010년에 발표한 '제3차 남녀공동참여 기본계획'에는 남녀공동참여사회를 실현하기 위해 사회의 각 분야에서 2020년까지 '선도적 지위'에 여성 비율 30%를 목표로 설정했다. 하지만 법적 구속력은 전혀 없었다(정미애, "지방선거에서 여성의 정치대표성: 일본의 사례를 중심으로," 『아태연구』 29(3), 2013, 114면).

89 일본 정치분야의 남녀공동참여에 관한 법률 제2조(기본원칙)는 중의원, 참의원 및 지방의회의 선거에서 남녀 후보자의 수가 가능한 한 균등하게 유지하는 것을 목표로 규정하고 있다.

90 정치분야의 남녀 공동참여 추진에 관한 법률(2018)

제1조(목적) ...(중략).... 정치분야의 남녀 공동참여 추진에 대하여 그 기본원칙을 정하고, 국가 및 지방공공단체의 책무 등을 명확히 하는 동시에, 정치분야의 남녀 공동참여 추진에 관한 시책의 기본이 되는 사항을 정하여 정치분야의 남녀 공동참여를 효과적이고 적극적으로 추진함으로써, 남녀가 공동으로 참여하는 민주정치의 발전에 기여하는 것을 목적으로 한다.

91 讀賣新聞, "女性当選者, 最多を更新…2009年衆院選の54人を上回る", 2024.10.28.

92 정당별로 여성 후보자와 여성 당선자의 비율을 살펴보면, 여당인 자민당의 경우 여성 후보자 비율은 16.0%이며, 여성 당선자 비율은 9.9%이다. 제1야당인 입헌민주당의 경우 여성 후보자 비율은 22.4%, 여성 당선자 비율은 20.3%로 자민당보다 높은 비율을 보인다. 군소정당이기는 하지만 2020년에 창당한 대안 우파정당인 참정당이 여성 후보자와 당선자의 비율이 각각 37.9%와 66.7%로 가장 높았다. 뒤를 이어 좌파계열의 레이와신센구미, 공산당 등이 30% 이상의 높은 여성 후보자와 당선자 비율을 보인다.

3 남녀동수, 대한민국 현주소

93 1948년 5월 제1대(제헌의회)에는 여성이 한 명도 없었으나, 보궐로 임영신 의원이 당선되었다.

94 제21대 총선에서 국가혁명배당금당(허경영 대표)이 총선에서는 처음으로 253개 지역구에 여성 77명을 공천하여 여성추천보조금 8억을 받아간 첫 사례가 있었다. 이는 여성추천보조금 지급방식을 개정토록 하는 나쁜 선례가 되었으며, 개정된 여성추천보조금 배분방식은 그나마 30% 공천 간의 효과성을 더욱 어렵게 되었다.

95 여성신문, "많은 '여성 참여'가 필승카드", 2005.05.12. (http://www.womennews.co.kr/news/articleView.html?idxno=25406)

96 국회 의결일 2009년 12월 30일.

97 이들은 "각 지역 당협위원장이 선출직 30% 여성할당을 적극적으로 실천하는지, 공천권한을 부당하게 행사해 여성후보 공천을 가로막고 있지 않은지 철저히 모니터링해서 결과를 전 국민 앞에 공표하고 지속적으로 주시할 것"이라고 강조했다(여성신문, "한나라 절반·민주당 1곳···맥빠진 성적표", 2010.04.23.). http://www.womennews.co.kr/news/articleView.html?idxno=44740

98 여성신문, "10차 헌법 개정과 남녀동수 개헌 촉구를 위한 300인 선언", 2018.04.06. http://www.womennews.co.kr/news/articleView.html?idxno=141020

99 한국여성의정은 여성의 정치적 대표성 확대와 건강한 정치문화발전을 위해 제헌 이후 현재까지 여성 국회의원이 여야를 초월하여 2013년 설립한 국회의장 산하 법인이다.

100 1차 2017.10.20., 2차 2018.2.20.

101 한국여성의정, 2018-2022년 여성정치 참여 확대를 위한 국민의식조사 결과보고서 참조.

102 헌법개정여성연대는 여성계에서 여성과 성평등 관점의 개헌을 위해 결성되었다. 헌법개정여성연대는 2016년 7월 헌법개정논의에 착수하여, 8개월간 워크숍과 전문가 초청토론회를 통해 헌법 조문을 검토하였다. 2017년 2월 10일 "성평등과 헌법" 토론회에서 국가의 평등실현의무와 여성의 정치대표성 관련 김은주 한국여성정치연구소 소장의 "여/성평등과 헌법: 쟁점과 대안"의 발표를 참고하여 헌법개정안을 제시하였다(여성신문, "[성평등 헌법 개정] 헌법에 남녀동등권 명문화해야", 2017.02.08.). https://www.womennews.co.kr/news/articleView.html?idxno=111600

103 제20대 국회는 헌법개정안을 마련하기 위하여 2016년 12월 29일 국회 헌법개정특별위원회

구성을 의결하였다. 국회 헌법개정특별위원회는 '국민과 함께 하는 개헌'을 위한 노력의 일환으로 53명의 각계 전문가로 구성된 자문위원회를 구성하여 활동하였다. 자문위원회는 2017년 2월 2일부터 2018년 1월까지 활동(총 136회의 회의) 끝에 분과별 개헌 초안을 담은 최종 결과보고서를 제출하였다(국회헌법개정특별위원회, 국회헌법개정특별위원회 자문위원회 보고서, 2018.1.).

104 한국여성의정, 「여성의정 비전 2025」, 2021, 34면.

105 정부는 2018년 6월 지방선거시 개헌안을 국민투표에 부치기 위하여 대통령직속 정책위원회 산하에 자문기구로 '국민헌법자문특별위원회'를 발족시켰다(2018년 2월). 3개 분과(총강·기본권 분과, 정부형태 분과, 지방분권·국민주권 분과)로 구성된 특별위원회는 단 한 달간의 활동만으로 헌법개정자문안을 대통령에게 제출하였다(2018년 3월 13일).

106 국회의 개헌논의와 대통령 개헌안에 실망하여 여성단체들의 연대체인 '성차별 해소를 위한 개헌여성행동'(2018년 3월 결성)은 향후 헌법개정 논의에 대비하여 2018년 4월, 5개 당사를 방문하여 각 당의 여성위원장에게 10차 헌법개정 촉구와 남녀동수 개헌 촉구를 위한 성명서를 전달했고, 모든 정당 관계자들로부터 여성들의 요구를 관철시키기 위해 노력할 것이라는 답변을 받았다(한국여성단체연합,"[기자회견] 국회는 여성의 소리를 들어라! 모든 영역에서 여성과 남성의...", 2018.04.09.). (http://women21.or.kr/statement/11001)

107 공직선거법 발의(2013-8.9), 국회의안정보시스템.

108 정치개혁특별위원회 전문위원실-검토보고서 2014. 2.

4 이제는 남녀동수

109 국제의회연맹(IPU)은 2012년 퀘벡에서 개최된 127차 총회에서 채택된 「성인지 의회를 위한 행동강령(Plan of Action for Gender-sensitive Parliaments)」은 ① 여성의원수 확대 ② 성평등 입법 및 정책 강화 ③ 모든 의회 활동의 성주류화 ④ 성인지적 조직 운영 및 문화 개선 ⑤ 성평등 실현을 위한 남녀의원의 책임 공유 강화 ⑥ 정당의 성평등 역할 제고 ⑦ 의회 직원의 성인지성 및 성평등의식 강화 등을 제시하고 있다. 국제의회연맹은 회원 국가를 포함한 세계의 모든 국가의 의회에 행동강령의 실천을 강력하게 촉구하고, 2030년까지 성인지 관점에서의 의회활동 및 조직운영에 대한 감사의 실시를 요청하였다.

110 제21대 국회에서 성평등 국회 자문위원회의 제안으로, 2021.10.27. 김상희 의원 등 101명은

'성평등 국회 실현을 위한 실천 결의안'을 발의하였다. 결의안은 국회에 여성의원 전원회의를 구성, 전담조직 신설 등 성평등 관련 의정활동 지원을 담고 있다.

111 의회학과는 2019년 국내 최초로 중앙대학교 일반대학원에 석·박사 과정으로, 의회발전을 견인할 수 있는 인재 양성을 위해 설치·운영되고 있다. 학문으로서의 의회학을 정립하고, 의정활동의 전문성, 융합과 통섭의 리더십, 성평등 의식을 갖춘 의회전문가 양성을 목표로 한다. 특히 의회전문 여성정치인 육성을 위하여 한국여성의정은 중앙대학교와 협력하여 남녀동수장학금을 지원한 바 있다.

참고문헌

단행본

김민정, 『동수민주주의 이론과 실제』, 서울시립대학교출판부, 2022.

김민정, 강경희, 김경미, 김은희, 문경희, 신은영, 조현옥, 『여성정치할당제』, 인간사랑, 2011.

조앤 W. 스콧, 『성적 차이, 민주주의에 도전하다』, 오미영 외 옮김, 인간사랑, 2009.

아가젠스키 실비안느(유정애 옮김), 『성의 정치. 남녀동수의회 구성의 논리』, 일신사, 2004.

논문

곽서희, "스페인, 의사결정직 성별 균형을 위한 평등법 발효", 국제동향, 한국여성정책연구원, 2024.

권수현, "백래쉬에 대한 반격 - 남성할당제와 남녀동수- ", 한국젠더법학회, 젠더법학 제10권 제1호, 2018.

김민정, "프랑스 남녀동수법과 양성평등", 한국여성정책연구원, 젠더리뷰 36호, 2015.

김귀옥, "한반도 경제공동체 형성과 여성의 역할 : 남북경협을 중심으로", 한국사회학회, 한국사회학회 사회학대회 논문집, 2003.

김선욱, "헌법의 의미와 우리 헌법의 나아갈 방향", 대한민국 국회, 국회보 제632호, 2019.

김영순, "한국의 여성인권에 관한 연구 : 여성차별철폐협약을 중심으로", 한양대학교 박사학위논문, 2001.

김유정, "일본의 공직선거 「후보자 남녀균등법」 제정 배경과 주요내용", 국회입법조사처, 이슈와 논점 제1479호, 2018.

김은주, "남녀동수 민주주의의 철학적 기초", 여이연, 여/성이론 통권 제40호, 2019.

김은주, "성평등 헌법과 여성대표성", 이화여자대학교 젠더법학연구소, 이화젠더법학 제9권 제1호, 2017.

김은주, "남녀동수 칼럼", 여성신문, 2013-2014.

김은희, "프랑스여성과 정치, 그리고 동수법 제정", 프랑스문화예술학회, 프랑스문화예술연구 제13집, 2005.

김현아, "남녀동수 및 할당제 관련 법령 발췌", 국회입법조사처, 2024.

김형준, "여성할당제에 대한 평가와 대안으로써의 남녀동수제에 대한 고찰", 여유정치포럼, 창립기념토론회, 2011.

박경순, "여성을 위한 적극적 우대조치에 관한 연구." 『서강법학』(서강대학교 법학연구소), 2008.

박선경, "제20대 대선과 세대 젠더 갈등 : 새로운 균열의 등장인가", 국회입법조사처, 통권 53호, 2022.

박수정, "여성정치참여 확대방안과 남녀동수", 국민대학교 석사학위논문, 2015.

박진경, "이제는 "남녀동수" : 20대 총선 평가와 21대 총선 전략", 대한민국 헌정회, 헌정449호, 2019.

복보경, "임시의정원 여성의원의 시기별 일고찰", 국회입법조사처, 입법과 정책 제15권, 2023.

성정엽, "헌법의 관점에서 본 양성평등 문제", 인제대학교 과학기술과법연구소, 인제법학 제3권, 2012.

신명, "여성이 의무를 다하자", 한국여성의정, 여성의정 12호, 2021.

신명, "기초차지단체장 "남녀동반선출제" 도입해야", 한국여성의정, 여성의정 14호, 2022.

신명, "여성의정, 남녀동수를 열다", 한국여성의정, 여성의정 16호, 2023.

신옥주, "여성의 정치적 대표성 제고를 위한 비교법적 연구", 한국헌법학회, 헌법학연구 제27권 제4호, 2021.

신옥주, "헌법상 남녀동권규정 도입의 필요성에 관한 비교법적 고찰", 한국비교공법학회, 공법학연구 제10권 제2호, 2009.

윤정인, "남녀동수(Gender Parity) 의회구성의 헌법적 정당성", 경북대학교 법학연구원, 법학논고 74집, 2021.

이병규, "미국헌법상 평등이론의 전개와 적극적 차별시정조치", 한국헌법판례연구학회, 헌법판례연구 제15권, 2014.

이옥지, "한국의 경제성장과 성차별 : 「Women's Wages and Employment in Korean Economic Development」, Bai, Moo Ki·Cho, Woo Hyun 共著 〈書評〉", 창작과비평사, 여성과사회 7, 1996.

이욱한, "차별금지원칙과 실질적 평등권 : 양성평등을 중심으로", 한국비교공법학회, 공법학연구 제6권 제3호, 2005.

이정진·김종갑, "여성 정치대표성 강화방안 : 프랑스·독일의 남녀동수제 사례분석", 국회입법조사처, 현안분석 제115호, 2020.

이하린·장혜영, "페미니스트 대외정책(Feminist Foreign Policy) 분석: 스웨덴과 캐나다 사례," 『사회과학연구』, 2022.

이현우, "여성의 정치성과 정당요인 : 미국과 호주의 경우", 한국국제정치학회, 국제정치논총 제42권 제3호, 2002.

전학선, "프랑스 정치영역에서 남녀평등을 위한 남녀동수법과 헌법개정", 한국헌법학회, 헌법학연구 제14권 4호, 2008.

정선영, "여성의 경제활동참여에 대한 태도의 국가별 차이 : 여성 경제활동참여율 및 인구사회학적 특성과의 관계를 중심으로", 한국가족학회, 가족과 문화 29권 2호, 2017.

정미애, "지방선거에서 여성의 정치대표성: 일본의 사례를 중심으로," 『아태연구』 29(3), 2013.

정승화, "정치적 남녀동수 운동의 급진적 함의와 딜레마", 이화여자대학교 한국여성연구원, 여성학논집 제26집 제1호, 2009.

정애령, "여성의 정치적 대표성 확보를 위한 헌법규정 신설에 대한 고찰", 유럽헌법학회, 유럽헌법연구 제26호, 2018.

주재선, "국제 성평등지수로 보는 한국의 성평등 수준", 통계플러스 16호, 통계개발원, 2021.

차정연, "여성의 사회적 책임", 한국보학문화연구회, 보학연구 36집, 2020.

홍태희, "젠더의 역사적 구성 : 성별관계와 여성경제사", 한국여성경제학회, 여성경제연구 6권 2호, 2009.

보고서

경제개발협력기구(OECD) 교육지표, "한눈에 보는 교육 2024", 2024.

국회헌법개정특별위원회, 국회헌법개정특별위원회 자문위원회 보고서, 2018.

정치개혁특별위원회 전문위원실-검토보고서 2014. 2.

한국여성의정, "남녀동수 실현을 위한 추진기구 연구", 2019.

한국여성의정, "여성정치 참여 확대를 위한 국민의식조사 결과보고서", 2018-2022.

한국여성의정, 「여성의정 비전 2025」, 2021.

외국문헌

Christina Alnevall, "CASE STUDY: SPAIN: SUCCESS AND OBSTACLES ON THE PATH TO PARITY DEMOCRACY", 「Electoral Gender Quota Systems and their Implementation in Europe」, European Parliament, 2011.

Directive (EU) 2022/2381 of the European Parliament and of the Council of 23 November 2022 on improving the gender balance among directors of listed companies and related measures.

Karl Marx & Friedrich Engels, Die heilige Familie, MEW, Bd.2, Berlin: Dietz Verlag.

Lantag Brandenburg. 2018. Gesetzentwurf der Fraktion Bündnis90-Die Grünen. Inklusives Parité-Gesetz - (Drittes Gesetz zur Änderung des Brandenburgischen Landeswahlgesetzes). Drucksache 6-8210.

Lukoschat, Helga / Belschner, Jana. 2016. Parität in der Politik: Ein Wegweiser. Bundesministerium für Familie, Senioren, Frauen und Jugend(BMFSFJ).

Mario Canseco, 2023, "Half of Canadians would support gender quotas in Parliament: new poll," BIV, 2023/11/09.

Praud, Jocelyne ·Dauphin, Sandrine. 2011. Parity Democracy. Women's Political Representation in Fifth Republic France. UBC Press: Vancouver.

Verfassungsgericht des Landes Brandenburg. 2019. Im Namen des Volkes Urteil VfGBbg 55-19.

WEF, 「Global Gender Gap Report 2024」, INSIGHT REPORT JUNE 2024.

讀賣新聞, "女性当選者, 最多を更新…2009年衆院選の54人を上回る", 2024.10.28.

웹사이트

북경 제4차 세계여성회의 행동강령 〈https://world.moleg.go.kr/web/dta/lgslTrendReadPage.do?CTS_SEQ=15812&AST_SEQ=312〉

IDEA, "Gender Quotas Database-Mexico 〈https://www.idea.int/data-tools/data/gender-quotas-database/country?country=144〉

https://www.legco.gov.hk/yr02-03/english/panels/ha/papers/ha0314cb2-1636-1e.pdf

Thüringer Verfassungsgerichtshof. 2020. VerfGH 2-20 Im Namen des Volkes Urteil, p.2. 〈https://www.brandenburg-paritaetisch.de/wp-content/uploads/2020/09/Urteilsbegr%C3%BCndung-Th%C3%BCringen.pdf〉

https://data.ipu.org/women-ranking/?date_month=12&date_year=2024

https://www.economist.com/graphic-detail/glass-ceiling-index?utm_medium=pr&utm_source=dnawire-a

https://www.economistgroup.com/press-centre/the-economist/women-are-still-not-having-it-all-according-to-the-economists-2022-glass

https://www.internationalwomensday.com/Missions/20623/Economist-glass-ceiling-index-suggests-progress-for-women-at-work-has-stalled

https://overseas.mofa.go.kr/oecd-ko/brd/m_20807/view.do?seq=367

https://asiapacific.unwomen.org/en/about-us/about-un-women-1

https://asiapacific.unwomen.org/en/digital-library/publications/2024/03/overview-un-women-centre-of-excellence-for-gender-equality

https://data.ipu.org/dataset/percentage-of-women-in-parliament-between-1945-2018/

https://data.ipu.org/parliament/ES/ES-LC01/

lpb(Landeszentrale für politische Bildung Baden-Württemberg). 2023. "Frauen in den Länderparlamenten.) 〈https://www.lpb-bw.de/frauenanteil-laenderparlamenten#c8378〉

lpb(Landeszentrale für politische Bildung Baden-Württemberg). 2023. "Frauen in den Länderparlamenten." 〈https://www.lpb-bw.de/frauenanteil-laenderparlamenten#c8378〉

언론

경향신문, "부끄러운 자화상, '유리천장 지수' OECD 꼴찌", 202.05.05. 〈https://www.khan.co.kr/article/202405052014025〉

매일경제신문, "[매킨지 리포트] (上) 대졸여성 절반이 死藏", 2001.3.18. 〈https://www.mk.co.kr/news/all/2479595〉

법률저널, "2024 로스쿨, 어떤 이들이 들어갔나②", 2024.05.20. 〈https://www.lec.co.kr/news/articleView.html?idxno=746699〉

뉴시스, 반기문 "목표는 2030년까지 남녀 지위 50대50", 2015.05.20. 〈https://www.newsis.com/ar_detail/view.html?ar_id=NISX20150520_0013674955&cID=10106&pID=10100〉

굿시티즌스, 멕시코의 여성할당제와 남녀동수제, 2018.04.13. 〈https://blog.naver.com/goodcitizens/221251751696〉

경향신문, "여성할당제 장착... 멕시코 의회 '우먼파워'", 2018.07.16. 〈https://www.khan.co.kr/article/201807162149005〉

여성신문, 멕시코 첫 여성 대통령 당선인, 차기 정부인사 '남녀 동수' 구성, 2024.08.15. 〈https://www.womennews.co.kr/news/articleView.html?idxno=250969〉

동아일보, "트럼프 행정부 女비율 낮아져... 더 두꺼워진 '유리천장'", 2020.05.19. 〈https://www.donga.com/news/Inter/article/all/20180712/91012984/1〉

연합뉴스, "일본 국회의원 비율 9.9% '세계 166위'…한국은 19%"), 2021.03.08. 〈https://www.yna.co.kr/view/AKR20210308072400073〉

한국여성단체연합, "[기자회견] 국회는 여성의 소리를 들어라! 모든 영역에서 여성과 남성의…", 2018.04.09. 〈http://women21.or.kr/statement/11001〉

한겨레신문, "스페인, 내각 '성 평등법' 추진 "여성이 반이라면, 권력의 반도 여성에", 2023.03.06. 〈https://www.hani.co.kr/arti/international/europe/1082308.html〉

여성신문, "많은 '여성 참여'가 필승카드", 2005.05.12. 〈http://www.womennews.co.kr/news/articleView.html?idxno=25406〉

여성신문, "한나라 절반·민주당 1곳…맥빠진 성적표", 2010.04.23. 〈http://www.womennews.co.kr/news/articleView.html?idxno=44740〉

여성신문, "10차 헌법 개정과 남녀동수 개헌 촉구를 위한 300인 선언", 2018.04.06. 〈http://www.womennews.co.kr/news/articleView.html?idxno=141020〉

여성신문, "[성평등 헌법 개정] 헌법에 남녀동등권 명문화해야", 2017.02.08. 〈https://www.womennews.co.kr/news/articleView.html?idxno=111600〉

표·그림 출처

56쪽	그림 2-1	https://data.ipu.org/parliament/FR/FR-LC01/
68쪽	그림 2-2	Glaesner(2009); https://data.ipu.org/parliament/DE/DE-UC01/
68쪽	그림 2-3	https://data.ipu.org/parliament/DE/DE-UC01/
76쪽	그림 2-4	https://data.ipu.org/parliament/CA/CA-LC01/data-on-women/
77쪽	그림 2-5	https://data.ipu.org/parliament/CA/CA-LC01/data-on-women/
81쪽	그림 2-6	https://data.ipu.org/parliament/US/US-LC01/
81쪽	그림 2-7	https://data.ipu.org/parliament/US/US-LC01/
83쪽	그림 2-9	https://data.ipu.org/parliament/JP/JP-LC01/data-on-women/
92쪽	그림 3-3	중앙선거관리위원회 선거통계시스템
93쪽	그림 3-4	중앙선거관리위원회 선거통계시스템
93쪽	그림 3-5	중앙선거관리위원회 선거통계시스템
94쪽	그림 3-6	중앙선거관리위원회 선거통계시스템
97쪽	표 3-1	국가법령정보센터 참조
98쪽	그림 3-7	중앙선거관리위원회 선거통계시스템
118쪽	표 3-2	각 정당의 강령·당헌·당규집 참조 (검색일 2025. 2. 1)
126쪽	표 3-3	『2024 공공부문 통합인사 연차보고서』 참조, 대한민국 정부, 2024.09.
127쪽	그림 3-11	연합뉴스 2017.07.23, 한겨레 2022.04.14.

부록

- 프랑스 선거권과 선출된 직위의 남녀평등에 관한 법 (2007.1.31.)
- 일본   정치분야 남녀공동참여 추진에 관한 법률 (2018. 5. 23.)
- 프랑스 남녀동수감시소 설치법 (1995.10.18.)

프랑스 선거권과 선출된 직위의 남녀평등에 관한 법 (2007.1.31.)

Loi n° 2007-128 du 31 Janvier 2007 Tendant à Promouvoir L'égal Accès des Femmes et des Hommes aux Mandats électoraux et Fonctions électives

국회(하원) 및 상원 의결

프랑스공화국 대통령은 다음과 같은 내용의 법률을 공포한다.

제1조

I. 「지방자치단체일반법」 제2부는 다음과 같이 개정한다.

1. 제L. 2122-7조 첫 번째 항목에서 다음의 문구 "~와 부시장들은 선출된다"를 "선출된다"로 대체한다.
2. 제L. 2122-7조 뒤에 다음의 두 개 조항 제L. 2122-7-1조 및 제L. 2122-7-2조를 삽입한다.

"제L. 2122-7-1조 - 주민이 3,500명 이하인 읍면에서 제L. 2122-7조에 정한 조건에 따라 부시장들은 선출된다."

"제L. 2122-7-2조 - 주민이 3,500명 이상인 읍면에서 투표용지에 여러 당의 후보자 이름을 혼합하여 기입하는 투표나 순위를 매기는 선택투표가 아닌 절대다수 연기투표(連記投票)*로 부시장들을 선출한다. 후보자 명부에서 각 성별 후보자수 사이의 격차는 1인을 초과할 수 없다."

"2차 투표에서 후보자들이 절대다수표를 획득하지 못한 경우, 3차 투표를 상대다수투표로 실시한다. 득표수가 동일한 경우, 나이가 많은 후보자들이 선출된다"

부록 177

"1인 부시장 선거의 경우 제L. 2122-7조에 의거한 규정에 따라 후보자가 선출된다."
3. 제L. 2511-25조의 네 번째 항목에서 근거조항 "제L. 2122-7조"는 근거조항 "제L. 2122-7-2조"로 대체한다.

II. 제I항 제1호 및 제2호는 마요트(Mayotte)*에 적용할 수 있다.

III. 「뉴칼레도니아읍면법」을 다음과 같이 개정한다.
1. 제L. 122-4조 첫 번째 항목에서 다음의 문구 "~와 부시장들"을 삭제한다.
2. 제L. 122-4-1조 뒤에 다음의 두 개 조항 제L. 122-4-2조 및 제L. 122-4-3조를 삽입한다.
"제L. 122-4-2조 - 주민이 3,500명 이하인 읍면의 경우, 제L. 122-4조에 정한 조건에 따라 부시장을 선출한다."
"제L. 122-4-3조 - 주민이 3,500명 이상인 읍면의 경우, 투표용지에 여러 당의 후보자 이름을 혼합하여 기입하는 투표나 순위를 매기는 선택투표가 아닌 절대다수 연기투표로 부시장을 선출한다. 후보자 명부에서 각 성별 후보자수 사이의 격차는 1인을 초과할 수 없다."
"2차 투표에서 후보자들이 절대다수표를 획득하지 못한 경우, 3차 투표를 상대다수투표로 실시한다. 득표수가 동일한 경우, 나이가 많은 후보자들이 선출된다"
"1인 부시장 선거의 경우 제L. 122-4조에 의거한 규정에 따라 후보자를 선출한다."
IV. 프랑스령 폴리네시아에서 읍면체제를 개정하는 1977년 12월 29일자 법률 제77-1460호 제3조 제II항의 네 번째 항목과 다섯 번째 항목은 다음 9개의 항으로 대체한다.

"a) 다음과 같이 제L. 122-4조를 작성한다."

"제L. 122-4조 - I. 시의회는 절대 다수의 무기명투표로 시의원들 중에서 시장을 선출한다."

"만 18세가 되지 않은 경우 시장으로 선출될 수 없다."

"2차 투표에서 후보자들이 절대다수표를 획득하지 못한 경우, 3차 투표를 상대다수투표로 실시한다."

"득표수가 동일한 경우, 나이가 많은 후보자가 선출된다"

"II. 주민이 3,500명 이하인 읍면의 경우, 제I항에 정한 조건에 따라 부시장을 선출한다."

"III. 주민이 3,500명 이상인 읍면의 경우, 투표용지에 여러 당의 후보자 이름을 혼합하여 기입하는 투표나 순위를 매기는 선택투표가 아닌 절대다수 연기투표로 부시장들을 선출한다. 후보자 명부에서 각 성별 후보자수 사이의 격차는 1인을 초과할 수 없다."

"2차 투표에서 후보자들이 절대다수표를 획득하지 못한 경우, 3차 투표를 상대다수투표로 실시한다. 득표수가 동일한 경우, 나이가 많은 후보자들이 선출된다"

"1인 부시장 선거의 경우 제I항에 의거한 규정에 따라 후보자를 선출한다."

V. 본법의 공포 이후 첫 번째 시의회를 재구성하는 날로부터 본 조항은 효력을 발행한다.

제2조

「선거법」 제L. 264조 첫 번째 항목의 마지막 두 문장은 다음의 문장으로 대체한다.

"후보자 명부는 각 성별 후보를 교대로 기입한다."

제3조

I. 「지방자치단체일반법」 제4부를 다음과 같이 개정한다.
1. 제L. 4133-5조 및 제L. 4133-6조를 다음과 같이 작성한다.

"제L. 4133-5조 - 지방의회 의장 선거 이후 지방의회는 부의장 수 및 다른 상임위원회 의원수를 정한다.

"상임위원회 의원은, 지방의회 의장과 다르게, 연기투표로 선출한다. 각 지방의원 혹은 지방의원 단체는 후보자 명부를 제출할 수 있다. 후보자 명부는 각 성별 후보자를 교대로 기입한다. 성별로 충분한 수의 의원이 없는 의원단체는 동일한 성의 후보자로 명부를 작성할 수 있다."

"상임위원회 구성과 관련한 지방의회의 결정에 따라 후보자 명부를 의장에게 기한 내에 제출한다. 동 기한의 만료 시 단일명부가 제출된 경우, 후보자 명부 순서대로 상임위원회가 즉각 구성되며, 지방의회 의장에 의해 선포된다."

"이와 반대의 경우, 지방의회는 상임위원회 선거를 실시하며, 이는 두 번째 항목에 명시된 후보자 명부 중에서 투표용지에 여러 당의 후보자 이름을 혼합하여 기입하는 투표나 순위를 매기는 선택투표가 아닌 비례대표제로 진행된다. 의석은 각 명부에 기입된 순서대로 후보자에게 부여된다. 마지막 남은 의석에 해당되는 다수의 후보자들이 동일한 평균당선점수*를 획득한 경우, 마지막 의석은 가장 많은 득표수를 얻은 명부의 후보자에게 부여된다. 득표수가 모두 동일한 경우, 선출된 후보자 중에서 최고 연장자에게 의석이 부여된다. 명부의 후보수가 부여되는 의석수 이하인 경우, 공석인 의석은 차순위 평균당선점수에 따라 부여된다."

"상임위원회 의석을 분배한 이후, 지방의회는 투표용지에 여러 당의 후보자 이름을 혼합하여 기입하는 투표나 순위를 매기는 선택투표가 아닌 절대다수 기명투표로 부의장 선거를 실시한다. 후보자 명부에서 각 성별 후보자수 사이의 격차는 1인을 초과할 수 없다. 2차 투표에서 후보자들이 절대다수표를 획득하지 못한 경우, 3차 투표를 상대다수투표제로 실시한다. 득표수가 동일한 경우, 최고 연장자가 선출된다."

"의장과 달리 상임위원회 의원은 의장과 동일한 임기로 지명된다."

"제L. 4133-6조 - 의장 이외에 상임위원회 의석이 공석인 경우, 지방의회는 상임위원회를 충원하도록 결정할 수 있다. 제L. 4133-5조 두 번째 및 세 번째 항목에 의거한 절차에 따라 공석을 충원한다. 승인을 받지 않은 경우 제L. 4133-5조 네 번째 및 다섯 번째 항목에 의거한 조건에 따라 의장 이외에 상임위원회의 전체 의원을 재구성한다."

2. 제L. 4422-9조를 다음과 같이 개정한다.

a) 세 번째 내지 일곱 번째까지의 항목은 다음 네 개의 항목으로 대체한다.

"의장이외에 상임위원회 의원을 기명투표로 선출한다. 의회의 각 의원 혹은 의원단체는 후보자 명부를 제출할 수 있다. 후보자 명부는 각 성별 후보자를 교대로 기입한다."

"의장 선거 이후 후보자 명부를 의장에게 기한 내에 제출한다. 동 기한의 만료 시 단일명부가 제출된 경우, 후보자 명부 순서대로 지명을 하며 이는 즉각 효력이 발생되어 의장에 의해 선포된다."

"이와 반대의 경우, 세 번째 항목에 명시된 후보자 명부들 중에서 투표용지에 여러 당의 후보자 이름을 혼합하여 기입하는 투표나 순위를 매기는 선택투표가 아닌 비례대표제로 선거를 실시한다. 의석은 각 명부에 기입된 순서대로 후보자에게 부여된다. 마지막 남은 의석에 해당되는 다수의 후보자들이 동일한 평균당선점수를 획득한 경우, 마지막 의석은 가장 많은 득표수를 얻은 명부의 후보자에게 부여된다. 득표수가 모두 동일한 경우, 선출된 후보자 중에서 최고 연장자에게 의석이 부여된다. 명부의 후보수가 부여되는 의석수 이하인 경우, 공석인 의석은 차순위 평균당선점수에 따라 부여된다."

"의석을 분배한 이후, 제L. 4133-5조의 다섯 번째 항목에 의거한 규정에 따라 의회는 상임위원회 회원들 중에서 부의장을 선출한다."

b) 여덟 번째 항목에서 다음의 "세 번째 항목"은 "세 번째 및 네 번째 항목"로 대체한다.

c) 아홉 번째 항목에서 다음의 "네 번째,"를 삭제한다.

3. 제L. 4422-18조 두 번째 항목은 다음의 문장으로 보강한다.

"후보자 명부에서 각 성별 후보자수 사이의 격차는 1인을 초과할 수 없다."

4. 제L. 4422-20조를 다음과 같이 개정한다.

a) 두 번째 항목 도입부의 "이 경우에"는 "단 한 개의 의석이 공석인 경우"의 문구로 대체한다.

b) 다음의 항목을 추가한다.

"다수의 의석이 공석인 경우, 제L. 4422-18조의 첫 번째, 두 번째 및 세 번째 항목에 정한 방식에 따라 선거를 실시한다."

II. 본법의 고시 이후 지방의회 및 코르시카(Corse) 의회의 첫 번째 재구성일로부터 본 조항은 효력을 발생한다.

제4조

I. 선거법을 다음과 같이 개정한다.

1. 제L. 210-1조를 다음과 같이 개정한다.

a) 첫 번째 항목을 다음 세 개의 문장으로 보강한다.

"제L. 221조에 의거한 경우에 일반의원으로 후보자를 대체하는 자를 명시한다. 제L. 155조 및 제L. 163조는 대체자의 지명에 대해 적용할 수 있다. 후보자와 대체자는 성별을 다르게 한다."

b) 두 번째 및 세 번째 항목에서 단어 "회신한다."는 "~와 그 대체자는 회신한다."로 대체한다.

c) 세 번째 항목에서 "후보자" 단어 뒤에 "첫 번째 항목의 규정에 적합하지 않은,"을 삽입한다.

2. 제L.221조 첫 번째 항목을 다음 두 개의 항목으로 대체한다.

"본법 제L. 46-1조 혹은 제L. 46-2조에 의거한 사망 및 사임, 「민법」 제112조에 의거한 부재 추정 혹은 헌법위원회 위원을 승인하는 동안 의석이 공석인 일반의회는 해당 회기가 재개될 때까지 동시에 선출된 자로 대체한다.

"다른 모든 이유로 공석인 경우나 첫 번째 항목을 더 이상 적용할 수 없는 경우, 3개월의 기한 이내에 부분 선거를 실시한다."

II. 본법의 공포 이후 의원수가 절반에 달하는 일반의회를 최초로 재구성하는 날로부터 본 조항은 효력을 발생한다.

제5조

I. 정치직의 재정적 투명성과 관련한 1988년 3월 11일자 법률 제88-227호 제9-1조 첫 번째 항목에서 다음의 문구 "의원수가 절반에 달하는"은 "4분의 3에 달하는"으로 대체한다.

II. 2008년 1월 1일 이후 국회의 첫 번째 재구성일부터 적용할 수 있다.

제6조

I. 해외 프랑스의회와 관련한 1982년 6월 7일자 법률 제82-471호를 다음과 같이 개정한다.
1. 제4조의 2의 네 번째 항목에서 다음의 문구 "혹은 후보자 겸직금지에서"를, 후보자 겸직금지 혹은 여성과 남성의 동등한 선거권에서"로 대체한다.
2. 제7조의 두 번째 항목은 다음의 내용을 보충한다.
"후보자 및 대체자는 성별을 다르게 한다."
3. 제8조의 두 번째 항목 뒤에 다음의 항목을 삽입한다.
"후보자 명부에서 각 성별 후보자수 사이의 격차는 1인을 초과할 수 없다."

II. 본 조항은 2009년도에 해외 프랑스 의회의 부분적 재구성일로부터 효력을 발생한다.

본법은 국가법으로 시행한다.

---

* 프랑스는 헌법개정(1999년) 후 2000년 남녀동수법(빠리떼법, Loi n°2000-493 du 6 juin 2000 tendant à favoriser l'égal accès des femmes et des hommes aux mandats électoraux et fonctions électives)을 제정하였고, 2007년 후보자 명부를 남성과 여성이 번갈아 배치되도록 개정하였다.

일본 정치분야 남녀공동참여 추진에 관한 법률 (2018. 5. 23.)
政治分野における男女共同参画の推進に関する法律

제1조(목적) 이 법률은 사회의 대등한 구성원인 남녀가 공선에 의한 공직 또는 내각총리대신 및 그 밖의 국무대신, 내각관방부장관, 내각총리대신보좌관, 부대신, 대신정무관 또는 대신보좌관 또는 부지사 또는 부시정촌장의 직(다음 조에서 "공선에 의한 공직 등"이라 한다)에 있는 자로서 국가 또는 지방공공단체의 정책 입안 및 결정에 공동으로 참여하는 기회가 확보되는 것(이하 "정치분야의 남녀 공동참여"라 한다)이 그 입안 및 결정에 있어서 다양한 국민의 의견이 적확하게 반영되기 위해 더욱 중요하다는 점에 비추어, 「남녀 공동참여 사회기본법」(1999년 법률 제78호)의 기본이념에 따라 정치분야의 남녀 공동참여 추진에 대하여 그 기본원칙을 정하고, 국가 및 지방공공단체의 책무 등을 명확히 하는 동시에, 정치분야의 남녀 공동참여 추진에 관한 시책의 기본이 되는 사항을 정하여 정치분야의 남녀 공동참여를 효과적이고 적극적으로 추진함으로써, 남녀가 공동으로 참여하는 민주정치의 발전에 기여하는 것을 목적으로 한다.

제2조(기본원칙) ① 정치분야의 남녀 공동참여의 추진은 중의원의원, 참의원의원 및 지방공공단체의 의회 의원 선거에서 정당 및 그 밖

의 정치단체의 후보자 선정의 자유, 후보자의 입후보의 자유 및 그 밖의 정치활동의 자유를 확보하면서, 남녀 후보자의 수가 가능한 한 균등해지는 것을 목표로 하여 실시되도록 한다.

② 정치분야의 남녀 공동참여의 추진은 자신의 의사에 따라 공선에 의한 공직 등으로서의 활동에 참여하거나 또는 참여하려는 자에 대한 이러한 자들 간의 교류 기회의 적극적인 제공 및 그 활동을 통해서, 그리고 성별에 따른 고정적인 역할분담 등을 반영한 사회제도 또는 관행이 정치분야의 남녀 공동참여의 추진에 미치는 영향을 고려하여, 남녀가 그 성별에 관계없이 그 개성과 능력을 충분히 발휘할 수 있게 하는 것을 취지로 하여 실시되어야 한다.

③ 정치분야의 남녀 공동참여의 추진은 남녀가 그 성별에 관계없이 상호 협력과 사회의 지원 하에서, 공선에 의한 공직 등으로서의 활동과 가정생활의 원활하고 계속적인 양립이 가능하게 되는 것을 취지로 하여 실시되어야 한다.

제3조(국가 및 지방공공단체의 책무) 국가 및 지방공공단체는 전조에서 정하는 정치분야의 남녀 공동참여 추진에 대한 기본원칙(다음 조에서 "기본원칙"이라 한다)에 따라 정당 및 그 밖의 정치단체의 정치활동의 자유 및 선거의 공정을 확보하면서, 정치분야의 남녀 공동참여의 추진에 관하여 필요한 시책을 책정하고 이를 실시하도록 노력한다.

제4조(정당 및 그 밖의 정치단체의 노력) 정당 및 그 밖의 정치단체는

기본원칙에 따라 정치분야의 남녀 공동참여의 추진에 관하여, 해당 정당 및 그 밖의 정치단체에 소속된 남녀 각각의 공직 후보자의 수에 대하여 목표를 정하는 등 자주적으로 추진하도록 노력한다.

제5조(실태 조사 및 정보 수집 등) ① 국가는 정치분야의 남녀 공동참여 추진에 관한 시책에 이바지하도록 국내외의 해당 시책 상황에 관한 실태 조사 및 해당 시책에 관한 정보의 수집, 정리, 분석 및 제공(다음 항 및 제9조에서 "실태 조사 및 정보 수집 등"이라 한다)을 실시한다.
② 지방공공단체는 정치분야의 남녀 공동참여 추진에 관한 시책에 이바지하도록 해당 지방공공단체의 실태 조사 및 정보 수집 등을 실시하도록 노력한다.

제6조(계발활동) 국가 및 지방공공단체는 정치분야의 남녀 공동참여 추진에 대하여 국민의 관심과 이해를 심화하는 동시에, 필요한 계발활동을 실시하도록 노력한다.

제7조(환경정비) 국가 및 지방공공단체는 정치분야의 남녀 공동참여 추진에 관한 시책을 적극적으로 추진할 수 있는 환경 정비를 실시하도록 노력한다.

제8조(인재육성 등) 국가 및 지방공공단체는 정치분야의 남녀 공동참여가 추진되도록 인재의 육성 및 활용에 이바지하는 시책을 강구하

도록 노력한다.

제9조(법제상의 조치 등) 국가는 실태 조사 및 정보 수집 등의 결과에 근거하여, 필요하다고 인정될 때에는 정치분야의 남녀 공동참여의 추진을 위해 필요한 법제상 또는 재정상의 조치 및 그 밖의 조치를 강구한다.

프랑스 남녀동수감시소 설치법(1995.10.18.)

Décret no 95-1114 du 18 octobre 1995 portant création d'un Observatoire de la parité entre les femmes et les hommes

제1조 총리 산하에 남녀동수감시소를 설치한다.

제2조 남녀동수감시소의 역할은 다음과 같다.
- 국가 및 국제적으로 여성의 상황에 관한 자료를 모으고 분석, 탐구, 연구를 직접 하거나 위탁하는 일.
- 관련 지식을 배포하기 위한 행동계획을 수립하는 일
- 정치, 경제, 사회적 행위자들뿐만 아니라 공권력의 결정에 있어서 이들의 관심을 환기시키는 일
- 입법적, 법률적 개선과 제안 및 권고를 하는 일
  동수감시소는 입법안 및 법률안에 대해서 의견을 제출할 수 있다.

제3조 감시소는 2년마다 한 번씩 총리에게 일반보고서를 제출한다. 이 보고서는 의회에서 발표되고 출판된다. 감시소는 또한 주제별 보고서를 작성한다.

제4조 감시소는 총리가 주재하거나 혹은 총리의 위임을 받아 여성부 장관이 주재할 수 있다. 의장은 예정의제와 관련된 장관들이나 혹은 그들의 대리인의 출석을 요구한다.

제5조 대표보고자는 프랑스 대통령령에 의해서 총리와 여성부장관의 건의로 3년 임기의 1회의 연임이 가능한 임기로 임명된다. 대표보고자는 감시소에 활동계획서를 제안하며 조정을 담당한다.

제6조 감시소는 총리령에 따라 관련분야에 탁월한 지식과 경험을 가지고 있는 인물들로 구성되는데 여성부장관의 건의를 받아서 3년의 임기에 1회 연임이 가능한 임기로 임명된다. 구성원이 사임하거나 사망시에는 교체된다. 이 경우 새로운 구성원의 임기는 전임자 임기의 잔여기간으로 한다.

제7조 감시소의 사무장은 여성부의 여권담당과에 의해서 확보된다.

제8조 감시소는 구성원 중 일부에게 특별한 문제에 대한 연구를 맡길 수 있다. 감시소는 회의 혹은 소회의에 관련 문제에 자격이 있는 행정부나 시민단체 혹은 노조 대표자들을 초청하여 의견을 청취할 수 있다. 소회의는 감시소가 필요에 의해서 만들 수 있다.

제9조 감시소는 적어도 1년에 3번의 회의를 의장이나 대표보고자 혹은 구성원 다수의 요구에 의해서 개최한다. 의사일정은 의장에 의해서 확정된다.

제10조 감시소는 권한행사를 위해서 기존의 모든 공공기관에서 이루어

진 연구를 평가하고 활용하며 통계 작업을 실행하도록 위탁한다. 감시소는 감시소의 통계작업과 연구를 수행하기 위해서 필요한 일들을 공공기관에 알린다.

제11조 상반되는 입법적 조치를 제외하고 정부 및 공공기관들이 감시소의 역할과 기능에 관한 일과 관련 있는 분야의 정보 및 지식을 감시소에 요청할 수 있다.

제12조 감시소 구성원과 감시소 대표보고자는 무급이다. 이동경비 및 체제비는 1990년 5월 28일 칙령에 의해서 예상되는 조건에서 지원된다. 이 조치는 위에 언급된 초청받은 대표들의 경우에도 동일하게 적용된다.

제13조 여성부는 감시소의 활동을 관장한다.

제14조 총리와 경제부장관, 고용연대부장관, 예산처장은 이 법령의 수행함에 있어서 감시소와 관련된 분야를 책임진다.

더 읽을거리

단행본

경향신문 젠더기획팀, 『우리가 명함이 없지 일을 안 했냐』, 휴머니스트, 2022.

김미형, 『차별어의 발견 : 무심코 사용한 언어에 담긴 차별의 의미』, 사람in, 2023.

김민정, 강경희, 강윤희, 김경미, 김성진, 박채복, 엄태석, 유진숙, 전복희, 조현옥, 최정원, 『젠더 정치학』, 한울아카데미, 2011.

김민정, 강경희, 김경미, 김은희, 문경희, 신은경, 조현옥, 『여성정치 할당제 : 보이지 않는 벽에 문을 내다』, 인간사랑, 2011.

김애화, 『여성의 세력화 없이 복지국가, 민주주의 있을 수 없다 : 남녀동수제를 향한 대장전이 시작되었다』, 새세상연구소, 2011.

김영철, 차경미, 강경희, 김유경, 양은미, 이순주, 『젠더와 불평등 : 라틴 아메리카 성차별에 대한 정치사회적 고찰』, 알렙, 2023.

드루드 달레룹(이영아 옮김), 『민주주의 여성에게 실패했는가』, 현암사, 2018.

로버트 달(김순영 옮김), 『정치적 평등에 관하여』, 후마니타스, 2010.

리배짓(김소희 옮김), 『차별비용 : LGBT 경제학』, 글항아리, 2024.

리차드 윌킨슨(김홍수영 옮김), 『평등해야 건강하다 : 불평등은 어떻게 사회를 병들게 하는가』, 후마니타스, 2008.

마거릿 워트하임(최애리 옮김), 『물리학이 잃어버린 여성 : 신, 물리학, 젠더전쟁』, 신사책방, 2024.

마릴렌 파투-마티스(공수진 옮김), 『파묻힌 여성』, 프시케의숲, 2022.

마이클 샌델(함규진 옮김), 『공정하다는 착각』, 와이즈베리, 2020.

먼로 버그도프(송섬별 옮김), 『젠더를 바꾼다는 것』, 북하우스, 2024.

메리 E. 위스너 행크스(노영순 옮김), 『젠더의 역사』, 역사비평사, 2006.

메리 울스턴크래프트(문수현 옮김), 『여성의 권리 옹호』, 책세상, 2011.

박지향, 『평등을 넘어 공정으로 : 역사를 통해 배우는 성공한 국가의 조건』, 김영사, 2021.

세리 보서트(노시내 옮김), 『타이틀 나인 : 여성이 투표권을 얻은 이래 가장 중요한 법』, 위즈덤하우스, 2023.

신경아, 『백러시 정치』, 동녘, 2023.

신광영, 『한국사회 불평등 연구』, 후마니타스, 2013.

알랙스 캘리니코스(이수현 옮김), 『평등 : 불평등과 능력주의를 극복하려면 무엇이 필요한가』, 책갈피, 2022.

애덤 셰보르스키(이기훈, 이지윤 옮김), 『민주주의, 할 수 없는 것과 할 수 있는 것』, 후마니타스, 2024.

에드윈 카메론(김지혜 옮김), 『헌법의 약속 : 모든 차별에 반대한다』, 후마니타스, 2017.

엘리자베트 바댕테르(최석 옮김), 『남자의 여성성에 대한 편견의 역사 : 남성과 여성의 새로운 조화를 위하여』, 인바이로넷, 2004.

이민규, 『차이, 차별, 처벌 : 혐오와 불평등에 맞서는법(法)』, RHK(알에이치코리아), 2021.

이상덕, 박진경, 나영희, 김미경, 안경주, 『김대중의 성평등 : 대한민국 여성의 삶을 바꾸다』, 지식산업사, 2024.

이성균, 『한국사회 불평등과 빈곤 현실』, 박영스토리, 2022.

이성용, 『통치와 생존의 인구학 : 지피지기의 관점에서』, 해남, 2022.

이효재, 『여성해방의 이론과 현실』, 창작과비평사, 1989.

장 미셸 지앙(목수정 옮김), 『문화는 정치다 : 왜 프랑스는 문화정치를 발명했는가?』, 동녘, 2011.

장 자크 루소(주경복 옮김), 『불평등의 기원론』, 책세상, 2018.

장영은, 『여성, 정치를 하다 : 우리의 몫을 찾기 위해』, 민음사, 2021.

정희진, 『다시 페미니즘의 도전 : 한국 사회 성정치학의 쟁점들』, 교양인, 2023.

조안 C. 트론토(김희강, 나상원 옮김), 『돌봄 민주주의』, 박영사, 2024.

조안나 윌리엄스(유나영 옮김), 『페미니즘은 전쟁이 아니다 : 우리는 왜 젠더 전쟁에서 자유로워져야 하는가?』, 별글, 2019.

조앤 W. 스콧(공임순, 최영석, 이화진 옮김), 『페미니즘 위대한 역설 : 프랑스 여성참정권 투쟁이 던진 세 가지 쟁점 여성, 개인, 시민』, 앨피, 2006.

조앤 W. 스콧(정지영, 마정윤, 박차민정 옮김), 『젠더와 역사의 정치』, 후마니타스, 2023.

조지프 E. 스티글리츠(이순희 옮김), 『거대한 불평등』, 열린책들, 2017.

존 스튜어트 밀(서병훈 옮김), 『여성의 종속』, 책세상, 2018.

주디스 로버(최은정 옮김), 『젠더 불평등 : 페미니즘 이론과 정책』, 일신사, 2005.

최재천, 『여성시대에는 남자가 화장을 한다 : 다윈의 성선택과 한국 사회』, 이음, 2023.

최재천, 『손잡지 않고 살아남은 생명은 없다 : 더불어 살아가기 위한 생명 이야기』, 샘터사, 2014.

토마 피케티(전미연 옮김), 『평등의 짧은 역사』, 그러나, 2024.

펄 벅, 『여성의 권리와 책임 : 펄벅여사의 체한 강연록』, 여원사, 1960.

폴 투르니에(홍병룡 옮김), 『여성, 그대의 사명은』, IVP, 2024.

프리드리히 엥겔스(김경미 옮김), 『가족, 사적 소유, 국가의 기원』, 책세상, 2007.

한국여성연구소, 『젠더와 사회 : 15개의 시선으로 읽는 여성과 남성』, 동녘, 2014.

황규성, 『평등에 숨겨진 이야기 : 평등이 행복의 열쇠다』, 내일을여는책, 2023.

보고서 등

유엔 인권센터(여성특별위원회 편역), 『유엔 여성차별 철폐협약 및 여성차별철폐 위원회』, 국회 여성특별위원회, 1998.

국회도서관, 『젠더평등 : 한눈에 보기』, 국회도서관, 통권 제95호, 2022.

김영일·이정진·조주은, 『여성의 정치적 대표성 제고를 위한 과제』, 국회입법조사처, 정책보고서 제30호, 2014.

성평등국회자문위원회, 『성평등 국회 실현을 위한 제안』, 대한민국 국회, 2021.

김은주·권병진·박진경, 『여성대표성 확대를 위한 정치관계법 연구 : 20대 국회의원 선거를 중심으로』, 한국여성의정, 2016.

김종두·하종범·정애령, 『여성의 정치적 대표성 확보의 헌법적 근거 및 후속적 법제연구』, 한국여성의정, 2017.

송태수·정하나·민병주·박혜자, 『여성정치인 역량강화방안에 관한 연구 : 정치교육학위과정 운영과 지원을 중심으로』, 한국여성의정, 2017.

박진경·정하나·김종두·신명·한혜경, 『여성대표성 확대 정치환경 개선방안 연구』, 한국여성의정, 의정 2017-3, 2017.

최태욱·김민정·김은주·하종범, 『선출직 대표성 실현을 위한 정책연구』, 한국여성의정, 의정 2018-6, 2018.

박선영·권향엽·김은희·김종두·최은순, 『남녀동등 참여 정치관계법 개정 T/F 활동 보고서』, 한국여성의정, 2020.

김은주·전선영, 『여성정치인의 날 제정 방안 연구』, 한국여성의정, 의정 2021-14, 2021.

박진경·황인자·강남식·권미혁·하종범, 『한국여성의정 10년의 평가와 향후과제』, 한국여성의정, 의정 2022-05, 2022.

김선욱·윤덕경, 『북경여성회의 행동강령이행을 위한 정책과제 연구』, 한국여성정책연구원(구 한국여성개발원), 연구보고서, 1996.

김선욱·윤진숙·박선영·조숙현·정강자·석인선, 『헌법과 성평등 관련 법률의 향후 과제』, 여성부, 2008.

열린우리당 전국여성위원회, 『'여성전용선거구제'와 '남녀동반선출제'를 중심으로』, 우리여성리더십센터, 2006년 여성선거제도 평가와 과제 모색 토론회 자료집, 2006.

한국여성유권자 연맹, 『중선거구제, 남녀동반선출투표제』, 사)한국여성유권자 연맹, 2010 양성평등 지방선거를 위한 토론회 자료집, 2009.

한국여성단체협의회, 『절반의 권리, 절반의 책임 : 여성의 정치 참여확대를 중심으로』, 한국여성단체협의회, 토론회 자료집, 2009.

2010지방선거남녀동수범여성연대, 『2010 지방선거, 이제 남녀동수로 간다!』, 한국여성단체협의회, 토론회 자료집, 2010.

한국여성정치연구소, 『남녀동수 릴레이 토론회 자료집(1-3)』, 한국여성정치연구소, 2015.

21세기여성정치연합, 『정치개혁 완성은 남녀동수 국회로!』, 사)21세기여성정치연합, 대토론회, 2023.

찾아보기

ㄱ

개헌여성행동 105 106 108
공존 교육 25
공존의 뉴노멀 23 151
국제의회연맹 38 44 83 89 134 146 151
기회의 평등 25 26 134 149

ㄴ

남녀공동참여사회기본법 84
남녀교호순번제 64 89 96
남녀동등최고위원회 59
남녀동반선출제 35 36 120
남녀동수 23 24 25 27 30 34 35 45 52 75 95 100 121 133 136 141
남녀동수 3법 28 121 122 134 141 142 149
남녀동수감시소 58 59 146 190
남녀동수공천보조금제 142 143
남녀동수기본법 134 139 140 147
남녀동수법 22 49 58 60 60 62 66 69 73 136 139
남녀동수선출제 100
남녀동수원 123 140 146 147 148
남녀동수위원회 123 140 146 147
남녀동수의 날 112 124 150
남녀동수의무공천제 142 143
남녀동수정치 29 33 44 123 133 148
남녀동수주간 112 150
남녀동수처 123 140 146 147 148
남녀 평등한 대표성에 관한 법 74

ㄷ

다수대표제 60
단일한 기준 30 31
동수를 위한 여성네트워크 57
동수민주주의 28 33 59 65 114 116 133 138 139 141 146
동수정치연구회 103
동수정치연대 104
동수헌법연대 109

ㅁ

마중물여성연대 103
멕시코 여성정치참여 감시반 64

ㅂ

베이징선언 52 53 54 134
브란덴부르크 주 69 70
비례대표 남녀동수제 95 96
비례대표 여성할당제 92
빠리테법 22 60 134

ㅅ

사회주의노동자당 72
선출공직 남녀동수에 관한 법률안 24 123
선출직남녀동수기본법 139 140 147
성격차지수 37 42
성인지 의회를 위한 행동강령 38
성인지 의회 행동계획 146

성주류화 21 52 53
성차별적 패러다임 32
성평등 국회 자문위원회 146
세계경제포럼 37 42 43

ㅇ

안티테제 33
여성에 대한 모든 형태의 차별철폐에
　　관한 협약 51
여성의무공천제 90 101
여성의원협의체 123
여성지위위원회 49 53
여성추천보조금제 98 143
여성할당제 33 34 35 67 72 79 92 95
　　97 99
여성 해방 28
여해여성포럼 104
유리천장지수 37 40
유엔여성기구 21 54 134
유엔여성기구 성평등센터 54
의회전문대학원 150
임계치 34 90

ㅈ

적극적 차별시정조치 50 75 78 79 80
전국여성지방의원네트워크 149
정당명부식 비례대표제 92 95
정당할당제 69 79 80
정치분야균등법 84 85 139
정치분야 남녀동등참여 지원에 관한 법
　　률안 123
정치분야에서의 남녀공동참여 추진에
　　관한 법률 84
정치아카데미 149

지역구 여성할당제 97 98 99 101 142
진정한 민주공화주의 32
진정한 민주주의 27 45 73 137

ㅊ

추상적 개인 30 31 32 33

ㅌ

튀링겐 주 70 71

ㅍ

포괄적 동수법 70
프랑스 공화주의적 보편주의 30 31 32

ㅎ

한국여성의정 110 112 116 121 122
　　123 150
한국여성의정 개헌안 116
헌법개정여성연대 108 115 116
후보자 등록무효제 96